SAINT VERNIER

MARTYR

SAINT VERNIER

(VERNY, WERNER, GARNIER)

MARTYR

PATRON DES VIGNERONS

en Auvergne
en Bourgogne et en Franche-Comté

SA VIE, SON MARTYRE ET SON CULTE

PAR

Le R. P. HENRI DE GRÈZES

des FF. MM. Capucins

Avec approbation de Mgr l'Evêque de Clermont

CLERMONT-FERRAND

LÉON BRUSTEL
Rue Pascal, 19

BELLET
Avenue Centrale, 4

1889

DECRETUM APPROBATIONIS

Nos Fr. Ægidius à Cortonâ, totius ordinis FF. MM. S^cti Francisci Capucinorum Minister Generalis (l. i.)

Cum opus cui titulus : *Saint Verny, martyr, patron des Vignerons*... à R. P. Henrico à Grèzes, concionatore ordinis nostri, Provinciæ Lugdunensis in Galliâ, a duobus ejusdem ordinis Patribus quibus commissum fuit, revisum et approbatum fuerit ; ideò præsentiûm virtute facultatem facimus, servatis cæterùm servandis, illud typis demandandi.

Datum Romæ, ex conventu SS^mæ Imm. Conceptionis, die 16 maii 1878.

Fr. ÆGIDIUS, min. gen^{lis}.

Lettre de S. G. Monseigneur BOYER

Évêque de Clermont

Au R. P. HENRI, Gardien du Couvent des Capucins

ÉVÊCHÉ
DE
CLERMONT

Clermont-Ferrand, décembre 1885.

Mon très cher Père,

J'approuve l'impression du livre que vous venez d'écrire sur saint Verny, et je vous remercie d'avoir si bien réalisé la généreuse pensée que vous aviez conçue dès la première heure, de mettre au service du saint protecteur des vignerons de notre riche Limagne, les aptitudes de votre intelligence pour les recherches d'érudition, en même temps que toutes les religieuses affections de votre cœur.

Dès votre arrivée en Auvergne, vous aviez remarqué, en effet, et justement admiré la grande popularité dont y jouit le jeune martyr, et vous avez reconnu aussitôt combien il pouvait être intéressant et utile d'étudier dans ses origines et dans ses causes, le culte traditionnel que nos cultivateurs rendent à celui qui exerça autrefois leur profession.

Je demeure même convaincu, mon cher Père, que si, après examen, cette dévotion vous eût paru ne reposer que sur l'autorité de quelque pieuse légende, vous n'eussiez pas hésité néanmoins à nous redire cette légende, car un fils de saint François sait, par tradition de famille, que la moindre légende chrétienne a sur les âmes plus de puissance que ne peuvent en avoir jamais toutes les dissertations des philosophes.

Mais vous avez vu là autre chose.

La réalité de l'existence de saint Verny, l'authenticité des actes principaux de sa vie, la vérité de son martyre, pouvaient, selon vous, être affirmées et confirmées par des témoignages d'une incontestable valeur en histoire. Dès lors, vous identifiant aux traditions de cette chère contrée dont la sainte obéissance vous avait fait l'hôte, vous avez voulu, pour reconnaître cette hospitalité, vous mettre en état de faire, à notre profit, œuvre d'historien.

Dans ce but, et avec l'intrépide persévérance dont un enfant de l'Auvergne travaillant pour la gloire de son pays eût pu être capable, vous avez entrepris le rude labeur de remonter aux sources, de passer par les chemins non encore frayés, et d'y suivre votre héros pour ainsi dire pas à pas, en interrogeant les générations qui ont professé son culte, les pays qui ont adopté son patronage, les églises et les corporations qui se sont placées sous son vocable et rangées sous sa bannière. Vrai pèlerin de saint Verny, vous avez visité l'Allemagne, la Franche-Comté, la Bourgogne, recueillant partout traditions et documents, complétant par correspondance les renseignements obtenus de vive voix, soumettant ensuite toutes choses à l'épreuve d'une critique sévère pour arriver enfin à des conclusions historiquement motivées.

C'est bien à ce prix qu'on établit la vérité dans l'histoire.

Ainsi avaient agi les grands hagiographes du XVIIe siècle. Les innombrables matériaux qui préparèrent cette œuvre colossale des *Acta Sanctorum* avaient été ramassés par d'infatigables chercheurs qui les avaient découverts et recueillis à la sueur de leur front. N'a-t-on pas compté jusqu'à douze mille lettres écrites par un seul Bollandiste, tandis qu'on en vit d'autres suppléer à ces voyages de la pensée, en faisant deux ou trois fois le tour du monde lettré ? Et pourquoi donc ne ferait-on pas pour nos Saints et Saintes du ciel ce que, tant de fois, on a fait pour les illustres d'Athènes et de Rome ?

Par un sentiment d'humilité bien ordinaire à un pauvre capucin, vous aviez pensé un instant retrancher de la publication de votre travail toutes les citations et toutes les notes ; je vous félicite d'avoir consenti à n'en rien faire, comme aussi je vous sais gré d'avoir veillé à ce que les documents fussent indiqués avec une exactitude scrupuleuse, chaque fois que vous avez jugé inutile de les citer textuellement.

Je vous remercie encore de vos savantes recherches et de ce qu'elles vont ajouter au culte et à la gloire de saint Verny.

En retour, j'en ai la ferme confiance, le saint protecteur de nos vignobles obtiendra que le mal mystérieux dont les ravages ont désolé tant de contrées, épargne toujours la nôtre.

Veuillez recevoir, mon très cher Père, l'expression de mes religieux et dévoués sentiments en N.-S.

† J.-PIERRE, *Evêque de Clermont.*

1.

Interest Ecclesiæ Catholicæ suus ut unicuique cultus exhibeatur.

Il importe à l'Eglise Catholique que chaque Saint reçoive le culte spécial qui lui est dû. — *Savaron, de Clermont. Lib. 2 de S^{is} Ecclesiis, n° 16.*

INTRODUCTION

Nous nous étions proposé de raconter tout simplement, dans un but pieux, l'histoire de la vie, du martyre et du culte de saint Vernier ; et tout en voulant être le plus exact possible, nous ne prétendions nullement faire étalage d'érudition. Nous voulions simplement édifier les nombreux fidèles qui, en France et ailleurs, honorent saint Vernier, tout en ignorant peut-être les faits principaux de sa vie. Notre travail était à peu près terminé, lorsque, ayant eu à nous en entretenir avec diverses personnes dignes de respect, plusieurs difficultés nous furent posées. Les voici :

1° *Saint Verny*, honoré en Auvergne, a-t-il existé ?

2° *Saint Verny*, honoré en Auvergne, est-il le même personnage que *saint Vernier* honoré en Bourgogne et en Franche-Comté ?

3° Ce dernier est-il le même que *saint Verner* honoré à Trèves ?

4° A quoi attribuer les diverses modifications du nom de ce saint ?

5° Pourquoi les vignerons ont-ils choisi *saint Vernier* pour patron ?

6° Le culte de *saint Vernier* est-il autorisé dans l'Eglise ?

Puisque ces difficultés nous ont été posées, puisqu'elles nous ont été présentées comme l'expression des doutes qui préoccupent certains esprits, d'ailleurs sérieux, il est de notre devoir de les résoudre tout d'abord, si nous voulons que notre travail atteigne le but proposé. Evidemment cette *Introduction* n'a pas été écrite directement pour l'ensemble des fidèles qui honorent et invoquent saint Vernier, simplement, sur la foi de la tradition, sans demander plus. Ceux-ci, néanmoins, ne pourront que lire ce travail avec grand profit. Leur piété sera certainement satisfaite lorsqu'ils verront le culte de leur Saint de prédilection placé au-dessus de toute critique, son identité bien établie, sa personnalité présentée dans son vrai jour.

I. — *Saint Verny a-t-il existé ?*

Que des populations ignorantes puissent, à un moment donné, honorer un personnage imaginaire, le fait n'est pas impossible. Mais on ne peut admettre que l'Eglise, gardienne de la vérité, tolère et approuve en y participant, un culte faux, n'ayant d'autres bases que la crédulité et l'entraînement populaires, qu'elle laisse, sans protestation, ce culte s'étendre et se perpétuer.

Or, nous sommes en présence d'un culte qui s'est étendu à toute la Basse-Auvergne, tant dans le diocèse de Clermont que dans le diocèse actuel du Puy. Ce culte n'est pas d'aujourd'hui, il existe en Auvergne depuis plusieurs siècles. Il a survécu, en partie du moins, aux révolutions et à tous les changements politiques et ecclésiastiques. On verra, aux *pièces justificatives* que, bien avant la fin du xviie siècle, il y avait en Auvergne des *statues* de S. Verny, des *autels* de S. Verny, des *confréries* de S. Verny, des *reinages* de S. Verny, la *fête* de S. Verny.

Les évêques ne l'ignoraient pas, puisque c'est, à peu près exclusivement, par la lecture de leurs actes, que nous l'avons appris nous-même.

Nous les voyons condamner et proscrire les *images* et *statues* qui leur paraissent *difformes* ou *inconvenantes*. Mgr Bochart de Saron interdit absolument une statue « *parce qu'elle représente,* dit-il, *un saint qui n'a jamais existé. (Pièces justif.* 2° P. IX, *Montferrand.)* » — Mgr Massillon ordonne à un de ses curés, sous peine de suspense, d'enlever de son église « *une prétendue image* qui a été exposée sans la permission de l'évêque. (*Id. Observat. prélim.* n° 4, *Vertaizon*). » — Nous ne voyons nulle part que les évêques de Clermont aient qualifié ainsi ou proscrit les *statues* de saint Verny.

Si l'*autel* de saint Verny ne leur paraît point convenable, ils défendent d'y célébrer « *jusqu'à ce qu'il sera décemment orné* »; ils ne le condamnent point d'une manière absolue. (Id. IV. A. B. *Authezat*.)

Nous les voyons réprimer sévèrement les abus qui s'étaient glissés dans les *Confréries* de saint Verny, nous ne voyons nulle part qu'ils aient supprimé les dites confréries, comme étant basées sur un culte faux que rien ne justifiait. (Id. IV. C. *Authezat.* — VIII. B. C. *Saint-Sandoux.*)

La *fête* de saint Verny était célébrée en plusieurs endroits. Les évêques jugent certains usages incompatibles avec la solennité ; ils défendent la continuation de ces usages; nous ne voyons pas qu'ils défendent ni la procession, ni la célébration de la fête elle-même. (Id. VIII. B. *Saint-Sandoux.*)

Comment expliquer et l'attitude des évêques, et la dévotion des peuples, si saint Verny n'a pas existé? Nous avons nommé Massillon; aucun détail n'échappait à sa vigilante sévérité. On peut en juger par le peu que nous citons de ses *Actes*; on en serait hautement convaincu par l'étude suivie des dix-huit volumes qui nous restent des procès-verbaux de ses visites pastorales. Pendant vingt-cinq ans, Massillon a occupé avec honneur le siége épiscopal de saint Austremoine. Osera-t-on dire que ce docte et zélé pontife, trouvant dans son diocèse le culte de saint Verny, a passé ce long espace de temps sans chercher à s'assurer : 1° de l'existence historique de saint Verny; 2° de sa sainteté; 3° de la légitimité de son culte ?

Osera-t-on dire que Massillon a reculé devant la possibilité de manifestations séditieuses de la part de populations égarées par l'ignorance ? Mais il n'hésite pas à défendre, « *sous peine d'excommunication* », l'usage abusif de certaines *grandes torches* que l'on portait à la fête même de saint Verny. (Id. IV. B. Authezat); il ordonne « *sous peine de suppression de la Confrérie de saint Verny,* » que les *Bailes* et *Bailesses* rendent exactement leurs comptes à qui de droit (*Id.* VIII. C. Saint-Sandoux). Il ne s'agit que de détails du culte, et l'évêque menace de *suppression, d'excommunication !* Combien moins eût-il hésité à s'armer des foudres spirituelles contre le culte lui-même, si ce culte n'avait pas été justifié à ses yeux. Si donc Massillon n'a nulle part condamné ou désapprouvé le culte de saint Verny, c'est qu'il n'ignorait pas sur quelles données historiques ce culte s'appuyait.

Saint Verny a donc existé. Mais *où ?* — *Quand ?* — *Qu'était-il ?*

Où a-t-il existé ? — Sur les bords du Rhin, dans le diocèse de Trèves.

Quand ? — A la fin du XIIIe siècle.

Qu'était-il ? — Un jeune homme, fils de vignerons, vigneron lui-même. En 1287, alors qu'il était âgé d'environ quinze ans, les Juifs le mirent cruellement à mort, en haine de la foi chrétienne. Dans son pays, on l'appelle : *saint Verner*. C'est sous ce nom qu'il est connu et honoré non-seulement dans le diocèse de Trèves, mais dans le Luxembourg, la Suisse allemande et l'Alsace. En Franche-Comté et en Bourgogne, il est honoré sous le nom de *saint Vernier*.

II. — *Saint Vernier, honoré en Bourgogne et en Franche-Comté, est le même personnage que saint Verner de Trèves.*

Evidemment Dieu eût pu susciter, soit en Bourgogne, soit ailleurs, un saint du nom de *Vernier* ou de *Verny*, différent de *saint Verner* de Trèves, bien qu'ayant avec lui de nombreux points de ressemblance. Mais il n'a pas jugé à propos de le faire. Personne, du moins jusqu'à présent, n'a pu nous dire qu'il l'avait fait. Si *saint Vernier* de Bourgogne est un personnage distinct de saint Verner de Trèves, qu'on nous dise *où* et *quand* il a vécu. Qu'on nous explique le silence absolu de l'Eglise et de l'histoire à son égard. Au contraire, tous les témoignages de l'histoire s'accordent à nous dire que *saint Vernier* et *saint Verner* sont un seul et même personnage.

A. *Franche-Comté.* — Jamais les Francs-Comtois n'ont prétendu que leur *saint Vernier* fût un autre que *saint Verner* de Trèves. La dévotion au Saint fut introduite en Franche-Comté par l'archevêque Thibaud de Rougemont, à la suite du pèlerinage qu'il fit au tombeau de saint Verner à Bacharach en 1426. Un siècle plus tard, en 1548, Jean Chuppin, chanoine de Sainte-Madeleine à Besançon, fit le voyage de Bacharach pour se procurer des reliques du Saint. Il eut le bonheur d'en obtenir, et elles ont été religieusement conservées et vénérées à Besançon jusqu'à la grande révolution française. (V. ci-après, chap. X et XVIII.)

Une légende du Saint, composée d'après les manuscrits et la tradition de Trèves, fut imprimée en ce temps-là à Besançon. Et les Bollandistes font observer que, dans cette légende, l'ortographe du nom du saint fut modifiée et adaptée au génie de la langue française : *Legenda recentior Vesontione post annum 1548 scripta, ubi dicitur :* Wernherus, *seu ut ubi scribitur,* Vernerius. (*Acta SS.* 19 avril, p. 696 C.) Ces doctes auteurs parlent ensuite longuement de la translation des reliques de *saint Verner,* de Bacharach à Besançon, et du culte que le saint reçoit en Franche-Comté sous le nom de *saint Vernier* (1).

L'historien franc-comtois, Jean-Jacques Chifflet, dans son histoire de Besançon, raconte aussi comment le culte de *saint Vernier* de Trèves fut introduit en Franche-Comté. Il parle des reliques obtenues par le chanoine Chuppin, etc...

Enfin, la *Vie des Saints de la Franche-Comté*, publiée il y a peu d'années par Messieurs les ecclésiastiques, professeurs du collège de Saint-François-Xavier, à Besançon, rapporte comme une chose connue de tous, que *saint Vernier*, honoré en Franche-Comté est le même que *saint Werner* de Trèves. (T. IV, p. 566.)

B. *Bourgogne*. — Le culte de *saint Vernier* fut également, aux temps jadis, et est encore populaire en diverses parties de la Bourgogne, notamment dans l'Auxerrois, dans l'Auxois (arrondissements d'Avallon *Yonne*, et de Semur *Côte-d'Or*), et dans le Beaunois. Là, comme en Franche-Comté, on n'a jamais prétendu

---

(1) Le docte D. Calmet, dans son *Histoire ecclésiastique et civile de la Lorraine*, relatant le martyre de notre Saint (T. 2. col. 372 et 373), l'appelle purement et simplement *Vernier*. Il donne aussi le nom de *Vernier* à tous les prélats et autres personnages historiques, appelés *Werner* ou *Wernher* par tous les autres auteurs.

honorer sous le nom de *saint Vernier* un personnage différent de *saint Werner* de Trèves.

Le *Dictionnaire d'Iconographie* (collect. Migne, p. 609) nous dit : « Saint *Vernier* ou *Vernir*, ou encore *Garnier* d'Oberwésel, honoré commme martyr le 19 avril, à Oberwésel sur le Rhin, diocèse de Trèves. Il vivait au xiiie siècle. On le représente cueillant des raisins, ou tenant une serpette, ou encore crucifié la tête en bas ; une source sort de terre miraculeusement près de lui. C'est ainsi qu'il est représenté sur un diplôme ou titre d'admission de la *Confrérie des Vignerons de la ville d'Auxerre.* » — Le même ouvrage, au titre *Grappe:* « On donne des grappes de raisins comme attribut... à saint *Garnier* (Werner) d'Oberwésel, ou *Vernier* d'Auxerre. » — On lit le même témoignage dans la *Caractéristique des Saints,* du P. Cahier, S. J. (V. *ci-après* § III, n° 2°, H.)

Le Martyrologe universel de Chastelain (1709), nous fait lire à la table générale : « *Saint Vernier* honoré à Auxerre, le même que *Garnier* (Wernher) d'Oberwésel. »

Nous avons interrogé de vive voix et par écrit la tradition de Beaune et de Semur (Côte-d'Or). Elle atteste que le culte de *saint Vernier* passa de la Franche-Comté en Bourgogne. Dans des *actes*

officiels, copiés par nous aux archives de l'Evêché de
Dijon, et reproduits aux pièces justificatives (1re P.
n° V. 1, 2, 3, 4 et 5), saint Vernier, patron des
vignerons de Beaune, est qualifié du titre de *martyr*,
et appelé indifféremment *Verner*, comme à Trèves,
et *Vernier*, comme en Franche-Comté. Il est en outre
formellement exprimé dans ces *actes* que *saint
Vernier a souffert le martyre le 19 avril 1287* (id. n° 2);
ce qui ne peut se rapporter qu'à *saint Werner* de
Trèves. *Le livre de la Confrérie de saint Vernier*
patron des vignerons de Beaune, contient une courte
notice sur le Saint. Cette notice commence ainsi :
« Le bienheureux *Verner* que nous nommons communément *Vernier*, vit le jour à Vammenrat, petit village
d'Allemagne… » Sont ensuite rapportés très succinctement, mais très fidèlement, les points principaux
de la vie de saint Verner : 1° Son martyre commencé
le jour du Jeudi-Saint, après la réception des sacrements de Pénitence et d'Eucharistie ; 2° Son immo-
lation par les Juifs à Wesel sur le Rhin, diocèse dè
Trèves ; 3° La découverte miraculeuse de son corps
près de Bacharach ; 4° Sa sépulture dans la chapelle
de Saint-Cunibert.

Est-il besoin de dire qu'à Semur on n'a jamais
prétendu honorer un saint Vernier, différent de saint
Vernier honoré à Beaune ?

III. — *Saint Verny, honoré en Auvergne, est le même personnage que saint Vernier de Bourgogne; le même par conséquent que saint Verner de Trèves.*

Nous le prouvons : 1° *Par l'identité des attributs;* 2° *par le témoignage des auteurs.*

1. *Identité des attributs.* — Les Saints, dans leurs images, sont généralement caractérisés par certains signes ou attributs qui leur sont spéciaux et les distinguent de tout autre. Nous ne voulons pas parler ici de saints peu connus en dehors des contrées où ils vécurent, ou dont la vie fut à peu près la même que celle d'autres saints de même condition. Il est évident que, pour ces saints, il ne saurait y avoir d'attributs bien caractéristiques. Ainsi S. Georges, S. Paulien, S. Gal, S. Avit, S. Médard, évêques, seront représentés avec les attributs ordinaires de l'épiscopat. Les martyrs porteront uniformément la palme, insigne de leur triomphe. Et si l'on veut fixer la dévotion des fidèles, il faudra nécessairement inscrire sur le socle de la statue ou au bas de l'image, le nom du Saint que l'on veut particulièrement honorer.

Mais dès qu'il s'agit de saints dont la vie ou la mort présente quelque chose de tout particulier; de saints surtout dont le culte s'étend en dehors de la région où ils vécurent, nous voyons apparaître les attributs caractéristiques. Ces attributs rappellent: soit la profession ordinaire du saint, soit sa vertu dominante, soit un fait extraordinaire de sa vie. Ainsi, parmi les *saints Pontifes,* la colombe désigne S. Grégoire ; le cœur, S. Augustin ; la bourse, S. Thomas de Villeneuve; les serpents, S. Patrice, etc. Parmi *les martyrs,* le gril caractérise S. Laurent ; les pierres, S. Étienne ; une lame sur la tête et deux lances dans le corps en forme d'X, S. Bénigne de Dijon. Parmi les *saintes Vierges et martyres,* l'agneau désigne sainte Agnès ; un dragon, sainte Marguerite ; une roue armée de pointes, sainte Catherine ; une ancre, sainte Philomène, etc. Parmi les *Saints Confesseurs,* le porc accompagne S. Antoine ; le chien est placé près de S. Roch ; le lion aux pieds de S. Jérôme ; une biche ou une charrue près de S. Isidore, etc.

Saint Verner était fils de vignerons et vigneron lui-même, autant que peut l'être un enfant jusqu'à l'âge de quinze ans. Les premiers qui lui rendirent un culte furent ses compatriotes, les vignerons des bords du Rhin. Fiers de pouvoir honorer un des leurs, ils le représentèrent *en costume de travailleur ;* ils lui placèrent en main *la serpette,* insigne de leur profession commune ; près de lui, ils mirent un cep de vigne, chargé de *raisins*. Ainsi se trouvèrent fixés les attributs caractéristiques de *saint Verner*. Toutes les populations qui adoptèrent le culte du Saint le représentèrent avec ces attributs toujours les mêmes; *costume de travailleur, serpette* et *raisins*. C'est avec ces attributs invariables que nous avons vu l'image du Saint, dans les églises des diocèses de Trèves, de Strasbourg, de Besançon, de Saint-Claude, de Sens, de Dijon. N'est-ce pas avec ces mêmes attributs que saint Verny est représenté en Auvergne? Supposons qu'un étranger arrive en nos pays. Il vient des bords du Rhin, où notre saint est appelé *saint Werner*. Il a traversé la Franche-Comté et la Bourgogne, où notre saint est appelé *saint Vernier*. Entrant dans une église de la Limagne, il voit une statue de saint avec les attributs qui, depuis six siècles caractérisent le saint patron des vignerons. Sans hésiter un seul instant, il se dira : on honore ici *saint Werner* ou *Vernier*. Et si on lui fait observer que la statue remarquée par lui représente *saint Verny*, il ne sera pas dérouté par cette légère modification du nom primitif. Il sait bien que chaque peuple accommode les noms propres au génie particulier de sa langue, et même aux inflexions de son dialecte local. Il y a certes bien moins de différence entre *Verner* et *Vernier* ou *Verny*, qu'entre *Petrus* et *Pierre, Illidius* et *Allyre, Sindulphe* et *Sandoux,* etc., etc., etc.

En terminant cet exposé, nous nous permettrons d'observer qu'en Auvergne on a peut-être exagéré les *attributs* de saint Verny. Généralement on a représenté d'une façon trop exclusive, ce nous semble, le *vigneron*, et pas assez le *saint*, pas assez surtout le *martyr*. La plupart des statues de saint Vernier, en Auvergne, sont d'un réalisme peu fait pour élever les âmes et leur inspirer de la dévotion. Sans doute l'impéritie des ouvriers (nous ne pouvons dire des artistes), auxquels ont été confiées la confection ou la réparation de ces statues, est pour beaucoup en ceci. Quelle qu'en soit d'ailleurs la cause, nous ne pouvons qu'en déplorer le résultat final, qui est de déshonorer ou d'amoindrir le culte du Saint. Il serait certainement possible d'harmoniser plus heureusement les souvenirs de la profession du Saint avec les attributs du martyre et l'expression de la sainteté.

A la fin du chapitre IX de cette histoire, nous donnons la description d'une antique peinture du XIVe siècle, dans laquelle toutes ces choses sont gracieusement associées. Nous décrivons aussi sommairement, à la fin du chapitre XVII, les divers tableaux vénérés actuellement dans la chapelle du Saint à Oberwésel, lieu de son martyre. Puissent ces indications contribuer à ce que, dans l'avenir, les images ou statues de saint Verny soient plus « en rapport avec la dignité de celuy qu'elles représentent. » (*Statuts synodaux de Mgr d'Estaing, Ev. de Clermont*). — V. *pièces justif. 2ᵉ p. observ. prélim. nᵒ 2.*

2. *Témoignage des auteurs affirmant que saint Verny d'Auvergne est le même que saint Vernier de Bourgogne, le même que saint Verner de Trèves.*

A. Nous sommes heureux de pouvoir tout d'abord apporter à l'appui de notre thèse un témoignage d'une haute gravité : *le témoignage des évêques de Clermont,* et en particulier celui du grand Massillon. Personne en Auvergne n'osera récuser le témoignage de cet illustre prélat. A la vérité, les évêques de Clermont se conformant aux usages du pays, appellent plus communément notre Saint : *saint Verny.* Mais ils l'appellent aussi : *saint Vernier,* dans des actes concernant la même paroisse. Quelquefois même ils emploient l'un et l'autre nom dans un même acte.

Mgr Bochart de Saron, dans le procès-verbal de sa visite à Ceyrat, en 1698, parle de la fête de *saint Verny (pièces justif.* 2ᵉ P. II. A). Visitant la même paroisse, en 1703, il mentionne le Reinage de *saint Vernyer* (id. II. B).

Mgr Massillon, dans sa visite à Ceyrat, en 1721, mentionne le Reinage de *saint Vernier* (id. II. C)· Dans une première visite à Authezat, en 1726, il mentionne, *art.* 5, l'autel de *saint Verny; art.* 9, la frérie de *saint Vernier* (id. IV. B). Dans une deuxième visite à Authezat, en 1732, il mentionne, *art.* 9, la frérie de *saint Verny* (id. IV. C). Aux Martres-de-Veyre, en la même année 1732, il mentionne, *art.* 9 la frérie de *saint Vernier* (id. VII).

B. Il y avait à Brioude en Auvergne, une Confrérie autrefois florissante de vignerons, sous l'invocation de *saint Verny*. Etablie en 1672, elle a subsisté sans interruption jusqu'en 1855 ; et ses registres, intacts depuis son origine, ont échappé aux ravages du temps et aux révolutions.

Dans ces registres, notre Saint est appelé successivement : *saint Vernin,* dans les actes du Chapitre de Brioude instituant la Confrérie, dans les comptes-rendus des premières années, et dans ceux de 1812 et de 1834 ; — *Saint Vergne,* dans les comptes-rendus de 1778 et 1779 ; — *Saint Vernier,* dans les comptes-rendus de douze années consécutives, de 1780 à 1792, sauf à l'année 1787, où on lit : *saint Vernie ;* — Enfin *saint Verny,* partout ailleurs, avant et après les dates que nous venons d'indiquer et que nous avons scrupuleusement contrôlées.

C. Les actes de la Confrérie de saint Verny, existant autrefois à *Saint-Amand-Tallende,* appellent le Saint: *Saint Vernaire,* absolument comme les plus anciens auteurs français qui ont parlé de lui, tels que Géné-

. brard, de Riom (*Wernharius*); et le P. Gaultier, dans ses tables historiques : (*Wernhaire*), etc. (*V. pièces justific. 2° p. XII, Saint-Amand.*)

Il est donc évident, et d'après les actes épiscopaux précédemment mentionnés, et d'après les actes des Confréries de Brioude et de Saint-Amand-Tallende, qu'en Auvergne on disait et on écrivait indifféremment : *saint Verny* et *saint Vernier*, et même *saint Vernaire.*

Or, qu'on le remarque bien, on ne trouve dans les ouvrages ou catalogues hagiographiques, d'autre Saint du nom de *Vernaire* ou *Vernier* que le seul *saint Vernier*, honoré en Bourgogne et en Franche-Comté; le même, nous l'avons surabondamment prouvé, que saint *Werner* de Trèves.

D. Chastelain dans son *Martyrologe universel*, Paris, 1709. — L'érudition de cet auteur est incontestable, et sa parole est pleine d'autorité (V. ci-après, sources historiques, § III, 6°). Or, nous lisons à la table générale de son ouvrage : « *Saint Vernier*, honoré à Auxerre, le même que *Garnier* (Wernherus) d'Oberwésel. — *Saint Vernir*, honoré en Auvergne, le même que le précédent.»

E. M. l'abbé *Marmeisse* a ajouté à la *vie des Saints d'Auvergne*, du P. Jacques Branche, une notice sur *saint Verny* (édit. de 1835, t. 2). Cette notice est

très courte, et inexacte en certains points de détail; ·
mais, pour le fond, elle est d'accord avec tous les
historiens. Elle se termine ainsi : « On représente
saint Verny cueillant des raisins, ou tenant une
serpette à la main, ou encore crucifié la tête en bas,
une source sortant de terre miraculeusement près de
lui. C'est ainsi qu'il est peint sur un diplôme ou titre
d'admission de la Confrérie des vignerons d'Auxerre.»
Ce passage est à peu près mot pour mot ce que nous
avons lu précédemment dans le *Dictionnaire d'Iconographie* de Guénébaut. L'abbé Marmeisse est donc
persuadé que *saint Verny* d'Auvergne est le même
personnage que *saint Vernier* d'Auxerre. Et ce dernier, nous ne cesserons de le répéter, est le même que
saint Verner d'Oberwésel.

F. — *M. Bouillet,* dans son *Histoire des Communautés des arts et métiers de l'Auvergne* (Clermont
1857, p. 411), nous dit: « Dans tous les pays vignobles,
en Auvergne comme ailleurs, les vignerons ont, de
temps immémorial, des confréries, des réunions le jour
de la fête de saint Verny leur patron. Dans toutes les
églises de notre belle et riche Limagne, on voit des
statues de saint Verny que l'on expose à la vénération... On sait que saint Verny vivait au commencement du XIIIe siècle; que c'était le fils d'un vigneron,
vigneron lui-même dans le diocèse de Trèves. Il fut

massacré à l'âge de treize ans par les Juifs, en haine de la foi chrétienne qu'il pratiquait fidèlement... Sur les bannières que portent nos vignerons dans les processions, saint Verny est représenté tantôt cueillant des raisins, tantôt tenant une serpette et placé près d'un cep de vigne. » — A part une inexactitude, savoir : le *commencement*, au lieu de la fin du XIIIe siècle, ces lignes sur *saint Verny*, honoré en Auvergne, résument la vie et rappellent les signes caractéristiques de *saint Vernier* ou *Verner* d'Oberwésel.

G. Les *Petits Bollandistes*, ou *Vie des Saints*, du P. Giry, augmentée et publiée par Mgr Guérin, 1874, nous apportent le même témoignage. L'auteur, au 19 avril, rapporte la vie du Saint, telle absolument, quant au fond, que nous la donnons nous-même. Il parle du culte du Saint en Franche-Comté, puis il ajoute : « En Auvergne, dont *saint Vernier* est aussi le Saint d'adoption sous le nom de *saint Verny*, les vignerons portent sa statue en procession, etc... »

H. Le R. P. Cahier, S. J., dans son ouvrage intitulé : *Caractéristiques des Saints* (2 t. in-fol. Paris 1867). Le P. Cahier est bien connu dans le monde savant par ses travaux archéologiques et iconographiques. Il a compulsé et confronté une multitude de documents historiques et hagiographiques, dont son volumineux ouvrage nous donne le résumé succinct :

Ecrivain tout récent il a bénéficié des précieuses découvertes de la critique moderne, et ce n'est qu'à bon escient qu'il émet une opinion. Son témoignage nous est donc on ne peut plus précieux.

L'auteur donne ordinairement à notre Saint son nom primitif de *Werner*; mais il met toujours à la suite, entre parenthèses, les noms de *Vernier* et *Verny*, sous lesquels le Saint est connu en Auvergne. Lorsque, au contraire, il l'appelle *Vernier* ou *Verny* il met toujours, entre parenthèses : *Werner d'Oberwésel*, pour bien démontrer que ces trois noms désignent un seul et même personnage. En outre, il mentionne spécialement l'Auvergne comme étant une des contrées où notre Saint est honoré par les vignerons.

1° *Tables.* — A. *Patrons divers*, p. 633 et suiv. « *Vernier* (Garnier, Verny:) Cf. Werner. » — « *Werner* d'Oberwésel (Verny, Vernier, etc.) Martyr: Bacharach; les vignerons l'honorent en Auvergne, dans l'Auxerrois et dans la Franche-Comté. »

B. *Patrons divers, selon l'objet*, p. 636 et suiv. « *Vignerons* : S. Vincent, martyr, S. Jean-Porte-Latine, S. Verny (Werner d'Oberwésel). »

C. *Répertoire général des Saints* : « *Vernier* (Vernir, Verny, Garnier, Wernerus d'Oberwésel,

Wernher) Cf. Werner. » — « *Werner*, enfant martyr.
Cf. Vernier. »

2° Titre *Serpette*, p. 746. — « La serpette, outil
de vigneron principalement, est employée çà et là
comme indication de la culture des vignes ou du
patronage de ce métier. Pour ce motif, il y a quelques
saints qui ont été gratifiés de la *serpette* par les
artistes... Saint Werner (Verny ou Vernier), enfant
tué par les Juifs à Oberwésel, 19 avril 1287. Il est
honoré, non-seulement dans le diocèse de Trèves,
mais en Auvergne même, comme patron des
vignerons; et à ce titre on lui donne une *serpette*.
C'est qu'il était fils d'un vigneron et quittait la maison
de son beau-père lorsque des Juifs le mirent à mort
pendant la Semaine-Sainte, et s'efforcèrent de cacher
son corps près de Bacharach. On le représente aussi
quelquefois suivi d'un chien, ou tenant une bêche;
mais ce ne sont pas là ses attributs les plus ordinaires.
L'auteur parle encore du Saint, et toujours dans le
même sens, aux titres : *Chien*, p. 214; *Enfant*, p. 350;
Fardeau, p. 403; *Raisin* et *Vigne*, p. 723; *Source*,
p. 755. Nous avons cité le passage principal auquel
tous les autres se rapportent.

Après tous ces témoignages si clairs, si formels, il
demeurera établi pour tout esprit de bonne foi que
saint Verny, honoré en Auvergne, est le même que

saint Vernier, honoré en Bourgogne et en Franche-Comté, le même que saint Werner d'Oberwésel, honoré à Trèves.

IV. — *Des modifications du nom de Wernher.*

L'orthographe allemande du nom du Saint était autrefois *Wernher*, en latin *Wernherus;* on le lit ainsi écrit dans la plupart des ouvrages ou manuscrits antérieurs au XVIIe siècle et jusque dans les *actes* des Bollandistes (1). Aujourd'hui on écrit *Werner,* en latin *Wernerus;* c'est l'orthographe adoptée par tous les écrivains modernes et par le bréviaire actuel de Trèves. Cette très légère modification est tout naturellement explicable. En tout pays, la langue en se transformant, ou en se perfectionnant, amène des changements dans les noms propres comme dans les noms de choses. Chez nous, *Clodewig* est devenu *Clovis; Barthomieu* et *Loïs* sont devenus *Barthélemy et Louis.*

Pour nous rendre compte de la transformation de *Wernher* ou *Werner* ou *Vernier* ou *Verny*, il nous faut observer deux choses. En allemand le *w* se prononce exactement comme le *v* chez nous. Cepen-

(1) A la même époque, les chroniqueurs étrangers à l'Allemagne écrivaient : *Warnerus (chroniq. Leod.)* et *Wernharius (Génébrard.)*

dant beaucoup de Français ont une grande tendance
à donner au *w* la consonance *ou*, comme font les
Anglais nos voisins. Pour parer à cette difficulté, et
pour reproduire exactement dans notre langue le son
de la première syllabe du nom du Saint, les premiers
qui en France écrivirent son histoire, employèrent
le *v* au lieu du *w*. Ils supprimèrent également la lettre
h de la seconde syllabe; cette lettre impliquant dans
la langue allemande un mouvement guttural qu'il
nous est assez difficile de reproduire. On eut alors
Verner au lieu de *Wernher*. En outre, les premiers
qui en France écrivirent la légende du Saint,
employèrent la langue latine. Ils écrivirent *Vernerius*
au lieu de *Wernherus*, ainsi que le remarquent les
Bollandistes (*cités précédemment* p. XVII). *Vernerius*,
traduit en français, a donné *Vernier*, qui est devenu
le nom sous lequel le Saint est généralement connu
parmi nous.

Nous devons observer aussi que beaucoup d'historiens donnent à notre Saint le nom de *Garnier*. —
Le R. P. Cahier, déjà cité : « *Vernier* (*Verny, Garnier, Wernherus, Werner.* » — Le *Dictionnaire d'Iconographie* (collect. Migne) : saint *Vernier* ou *Vernir*
ou encore *Garnier* d'Oberwésel. » — Le *Dictionnaire
d'Hagiographie* (id.): «saint *Werner* ou *Garnier*, enfant
et martyr à Oberwésel. » — Le *Martyrologe universel*

de Chastelain, au 19 avril : « saint *Vernier* ou *Garnier,* martyrisé par les Juifs... » — Les *Petits Bollandistes,* au 19 avril : « saint *Vernier* ou *Wernhère.* » Et à la table généralissime : « saint *Garnier* d'Oberwésel, tué par les Juifs. » — Les actes épiscopaux concernant la confrérie de saint Vernier à Beaune (Côte-d'Or), appellent le Saint : *Garnier* ou *Vernier.* (V. pièces justif. 1re p. V. A. no 1.) — Nous avons sous les yeux un *Guide du voyageur sur les bords du Rhin,* imprimé récemment à Francfort, en trois langues (français, allemand, anglais). Parlant des restes de la chapelle du Saint à Bacharach, les textes anglais et allemand disent : *saint Werner ;* le texte français dit : *saint Guernhard,* par imitation sans doute de *Garnier.* Ce changement du *w* en *g* n'a rien qui doive nous étonner; nous le remarquons dans beaucoup d'autres noms dont quelques-uns sont très répandus. *Guillaume,* par exemple, en allemand *Wilhelm,* dans le latin du moyen-âge, même en France, était écrit *Willelmus. Waïfre,* duc d'Aquitaine et d'Auvergne est appelé *Guaïfre* par certains auteurs. Saint *Galmier,* honoré dans le diocèse de Lyon, est appelé par les anciens auteurs *Baldomerus,* et aussi *Waldemerus.* Saint *Guérin,* comte de Poitiers au VIIe siècle, est appelé aussi *Warein.* D'après les philologues allemands, ce nom de *Guérin* ou *Guarin,* si commun en France à une certaine époque, n'est qu'une des variantes du nom même de *Werner*, francisé, ou, comme ils disent, *romanisé* (1).

En Auvergne, on dit et on écrit généralement *saint Verny*. Nous ferons remarquer que cette modification, très légère d'ailleurs, du nom de *Vernier*, n'a point été absolue ni générale tout d'abord. Ainsi que nous l'avons observé dans le numéro précédent, on écrivait indifféremment *Verny* et *Vernier*. En 1732, Mgr Massillon écrit encore : *saint Vernier*. De 1780 à 1792 inclusivement, la Confrérie de Brioude écrivait aussi : *saint Vernier* sur ses registres. La similitude des consonnances dans la prononciation en Auvergne (*Vergnier, Vergny*) a amené insensiblement la substitution de l'*y* à la diphtongue finale *ier*. On peut également constater en Auvergne une tendance marquée à terminer par un *y* un certain nombre de noms propres. Ainsi en Auvergne, on écrit : *Cassy, Diery, Eloy, Gervazy, Mary, Remy, Vozy*, etc., tandis qu'ailleurs on écrirait : *Cassius*

(1) V. le *Diction. étymol.* de Wackernagel; et le gr. diction. Allem. de Weigand. — Nous citerons : S. Guérin (*Guarinus* ou *Warinus*) frère de S. Léger, év. d'Autun, honoré le 3 octobre; le vén. Guérin, moine de Luxeuil, abbé d'Ignay, honoré le 19 août; S. Guérin, abbé de Haute-Combe, évêque de Sion en 1138, honoré le 28 août.

ou *Cassie, Dier, Eloi, Gervais, Marius,* ou *Marie, Remi, Evodius* ou *Evode,* etc. (Voir les *Dict. de géographie* et des *lieux habités*).

V. — *Pourquoi les vignerons ont-ils pris saint Vernier pour patron?*

Tout simplement parce que saint Vernier était fils de vigneron, et vigneron lui-même, autant qu'on peut l'être jusqu'à l'âge de quinze ans.

Il est tout naturel à l'homme de rechercher la société et le patronage de ceux qui vivent ou qui ont vécu de la même vie que lui; il lui semble qu'il sera mieux compris, plus largement et plus promptement secouru. C'est ainsi que les pêcheurs ont pour patron saint Pierre, les orfèvres saint Eloi, les charpentiers saint Joseph, les laboureurs saint Isidore, les mineurs et les artilleurs sainte Barbe, qui, pour échapper aux injustes poursuites d'un père païen, sut faire sauter des quartiers de rocher et se creuser un asile dans le flanc d'une montagne. Doit-on s'étonner de voir les vignerons rechercher le patronage d'un saint qui a partagé leurs travaux et vécu de leur vie?

En 1672, les vignerons de Brioude, dans leur supplique au Chapitre pour en obtenir l'approbation de leur confrérie, font observer que tous les autres corps d'état de la ville ont chacun pour patron quelque *saint particulier;* qu'en conséquence, ils désirent, eux, se mettre sous la protection de « *saint Vernin, patron spécial d'iceux de la profession de vigneron.* » (*V. pièces justificat., Auvergne, XIV.*)

Mais saint Vernier a-t-il été réellement vigneron ?

Il n'y a pas lieu d'en douter. Tous les auteurs qui ont parlé de lui avec quelque détail, tels que l'auteur de l'antique légende, citée par les Bollandistes, Surius, le P. Eusèbe, et autres, ainsi que le bréviaire de Trèves, mentionnent avec une sorte d'affectation que le bienheureux enfant appartenait à une famille non d'artisans ou d'ouvriers, mais de travailleurs de terre, de *campagnards,* en un mot (1). Or, la contrée où naquit et vécut le Saint, est un pays riche en vignobles, où, par conséquent, la culture de la vigne est à peu près la seule occupation des gens de la campagne, principalement des pauvres, et la famille du saint était pauvre.

Les mauvais traitements de son beau-père ayant contraint le saint enfant à quitter sa maison paternelle, les historiens le louent de n'avoir pas cherché à sortir, d'une façon ou d'autre, de sa condition première, et d'avoir, « dans la simplicité de son âme,

______

(1) Stirpe rusticâ... puer rusticalis.. Cf. *Acta SS.,* p. 698, C. — Agrestibus parentibus natus. — *Bréc. de Trèves, etc.*

soutenu son existence par les travaux de la campagne,
auxquels il avait été habitué (1). » Or, ces travaux,
on vient de le voir, consistaient principalement dans
la culture de la vigne. Il est avéré, par le procès pour
la canonisation du Saint, en 1428, que pendant la
période de ses pérégrinations, hors de sa maison
paternelle, le saint a travaillé en particulier *aux
vignes* du territoire de Steeg (2).

D'après les usages reçus dès les temps les plus
reculés, la *serpette* a toujours été regardée comme
l'indice de la profession de vigneron. Or, saint
Vernier a été représenté, dès l'origine, avec la *serpette*
à la main. Plus que cela, la *serpette* même de ce saint
enfant fut ensevelie avec lui, et religieusement placée
sous sa tête, afin que, plus tard, ceux qui ouvriraient
sa tombe pussent reconnaître indubitablement à ce
signe, à défaut de tout autre, le corps du petit
vigneron mis à mort en haine de Jésus-Christ. Tous
les auteurs, en nous rapportant ce détail, appellent

(1) Puer simplex, rusticalibus se nutriens laboribus. *Acta
SS. loc. cit.*

(2) Testis CXVII confitetur se audivisse à quodam Joanne
Schuring... quod viderit beatum puerum Wernherum de rure,
et ut talem puerum rusticalem, fimum ad vineas portantem.
Id. loc. cit.

la *serpette* : « *l'instrument ordinaire des travaux habituels du saint enfant* » (1).

Tous les procès-verbaux des diverses translations du corps de saint Vernier mentionnent spécialement cette serpette, comme étant en quelque sorte le sceau de l'authenticité de ce saint corps. En 1426, cent-quarante ans après le martyre du Saint, les populations étaient inquiètes sur la conservation de ses précieux restes; et, pour les calmer, un légat du Saint-Siége dut autoriser la visite du tombeau où ces restes reposaient. Le texte du procès-verbal de cette visite et de la translation qui suivit nous a été conservé; il décrit minutieusement la disposition extérieure et intérieure du tombeau, l'état et la position des saints ossements. Puis, au milieu d'une nomenclature assez sèche, nous recueillons l'expression de la joie qui ravît le cœur des assistants, lorsqu'ayant écarté la poussière et les débris de fleurs et d'étoffes, ils découvrirent, sous la tête du saint, sa *serpette* historique. « En outre, disent-ils, et c'est pour nous une grande joie, en dessous de toutes ces choses que nous venons d'énumérer nous trouvions la *serpette* de cet illustre

____

(1) De subtus putatorium, pristini laboris sui instrumentum. Acta SS., p. 697, C.

enfant. La même avec laquelle, pour gagner sa vie, il tranchait les BRANCHES FLEXIBLES DE LA VIGNE (1). »

Que voudrait-on de plus? Après de tels témoignages n'est-on pas obligé de reconnaître que saint Vernier a été réellement vigneron ?

Un détail historique nous explique encore comment le culte de saint Vernier devint promptement populaire, en dehors des pays qui l'avaient vu naître et mourir, dans toutes les contrées vignobles de l'Alsace, de la Suisse allemande, de la Bourgogne et de la Franche-Comté. On verra dans le cours de cette histoire que le corps du saint reposa avec honneur à Bacharach, sur les rives du Rhin, depuis son martyre, en 1287, jusqu'en 1621; c'est-à-dire pendant plus de trois siècles. Or, la petite ville de Bacharach, de tout temps célèbre par les vins de son territoire, fut en outre, depuis les temps les plus reculés jusque bien après la fin du moyen-âge, un célèbre entrepôt de vins; la navigation fluviale sur le Rhin et ses affluents les amenait là. C'était à Bacharach que les négociants allemands venaient se pourvoir des vins d'Alsace, de Bourgogne et de France; tandis que les négociants

______

(1) Immo, quod spiritualis gaudii est, de subtus iis inveniebamus ipsius egregii pueri ptatorium, cum quo vitæ quærens victum, ligamina dissolvebat vitiûm. *Procès-verbal de 1426.* Cf. *Bolland.* p. 704.

de nos pays allaient y chercher les vins de la Moselle
et du Rhin (1).

De retour dans leur pays, tous ces trafiquants des
produits de la vigne redisaient à leurs concitoyens
ce qu'ils avaient vus au tombeau du saint *vigneron*
de Bacharach ; le concours des populations, les
miracles nombreux, attestés par les *ex-voto* et par
les présents de tous genres. C'est ainsi que le renom
et le culte de saint Vernier se répandirent, comme
tout naturellement, en diverses contrées, parmi les
vignerons.

VI. — *Le culte de saint Vernier est-il autorisé ?*

C'est à l'évêque qu'il appartient de régler, dans
son diocèse, tout ce qui concerne le culte des Saints
reconnus par l'Eglise. D'après la discipline en vigueur
depuis plusieurs siècles, l'évêque lui-même ne peut
ni introduire une fête nouvelle, ni ajouter un office
nouveau au *propre* de son diocèse ; mais rien ne
s'oppose à ce qu'il permette d'exposer dans les
églises et de porter en procession la statue d'un Saint
reconnu par l'Eglise. Et lorsque toute une catégorie
d'habitants d'une paroisse a choisi ce Saint pour

(1) V. toutes les histoires du Palatinat, et tous les *Guides
du voyageur sur les bords du Rhin*.

patron, l'évêque peut parfaitement permettre la célébration d'une messe solennelle *de Communi*, au jour où la population est dans l'usage de fêter ce patron, si, d'ailleurs, rien dans les rubriques du jour ne s'y oppose. Or, encore une fois, la sainteté du martyr Vernier est reconnue par l'Eglise. « De temps immémorial, dit Benoît XIV, saint Vernier est honoré comme martyr. *B. Wernerius... ex immemorabili consuetudine, uti martyr colitur.* (V. ci-après *Sources historiques* § I, nᵒ 3ᵒ). »

L'Eglise a permis au diocèse de Trèves de célébrer la fête de saint Vernier le 19 avril. Cette fête semi-double dans tout le diocèse, est double de 2ᵉ classe à Oberwésel, lieu du martyre du saint, et à Bacharach où son corps reposa pendant plus de trois siècles. Dans ces deux dernières localités, la solennité extérieure de la fête est renvoyée au dimanche qui suit immédiatement le 19 avril. Et lorsque ce jour se rencontre entre le dimanche des Rameaux et le dimanche de Quasimodo, la fête et la solennité sont renvoyées au deuxième dimanche après Pâques.

Dans le diocèse de Besançon, la fête de saint Vernier était autrefois très solennellement célébrée, *avec un office propre*, dans l'insigne église collégiale de sainte Madeleine. Cet office n'a pas été conservé dans le propre actuel du diocèse, mais la fête est toujours célébrée solennellement le mardi après *Quasimodo*, tant dans l'église aujourd'hui paroissiale de Sainte-Madeleine que dans un grand nombre d'autres églises du diocèse. On chante, avec la permission de l'Ordinaire, la messe *Protexisti* du commun des martyrs dans le temps pascal.

Dans le diocèse de Dijon, on chante également la messe de saint Vernier dans les localités où les vignerons ont pris le saint pour patron. (V. pièces justificatives, 1ᵉʳ p. nᵒ V.)

Nous ne pouvons douter que la fête de saint Vernier n'ait été autrefois célébrée en Auvergne avec grande solennité dans un grand nombre de paroisses ; le lecteur s'en convaincra par la lecture des pièces justificatives à la fin du volume. Le jour le plus généralement adopté pour cette solennité était le dimanche qui coïncide avec le 20 mai, ou qui le suit immédiatement. Ce jour-là, on chantait la messe en l'honneur du saint; le soir avait lieu la procession où l'on portait triomphalement sa statue.

VII. — *Conclusion*

Tout ce que nous venons de dire dans cette *introduction* suffira pleinement, nous l'espérons, à dissiper les ombres qui pourraient encore aujourd'hui environner le nom et le culte de saint Vernier, en Auvergne ou ailleurs. Ce culte justifié et mieux compris pourra contribuer plus efficacement à réveiller la foi dans les âmes et à ramener les indifférents à la pratique religieuse.

Après mûres réflexions, nous supprimons dans notre travail une grande partie des citations et des notes dont nous l'avions d'abord enrichi. Nous n'en laissons qu'aux passages pour lesquels une explication nous paraît utile, ou auxquels une citation peut donner plus de force. Quelques amis de l'érudition pourront regretter ces retranchements; la vérité essentielle de l'histoire n'y perdra pourtant rien. Tout ce que nous disons sur la vie, le martyre et le culte de saint Vernier a été par nous très fidèlement emprunté aux divers historiens du Saint, ou patiemment recueilli aux sources mêmes des traditions locales. Il nous a été donné de les consulter dans nos voyages; et, pour ce qui regarde le diocèse de Trèves, dans le séjour que nous fîmes sur les bords du Rhin en 1871, au retour de la captivité.

Pour mettre les lecteurs à même de contrôler, quand ils le voudront, chacune de nos assertions, nous donnons ci-après l'indication des principales sources historiques ou scientifiques auxquelles nous avons puisé. Ils pourront voir que nous n'avons rien inventé: on ne saurait inventer l'histoire; et que, si nous avons un mérite, c'est uniquement celui d'avoir été traducteur fidèle ou compilateur consciencieux.

Pleinement soumis, d'esprit et de cœur, à l'autorité de la sainte Eglise notre mère, nous déposons cet humble travail aux pieds du Pontife, premier pasteur de ce diocèse, et nous nous estimerons heureux s'il veut bien le revêtir de sa haute approbation.

Clermont-Ferrand, couvent des FF. MM. Capucins,
21 novembre 1885.

Fr. HENRI, O. M. Cap.

Conformément aux décrets d'Urbain VIII, du 13 mars 1625, du 5 juillet 1631 et du 5 juillet 1634, l'auteur déclare ne vouloir attribuer qu'une valeur historique aux faits miraculeux rapportés dans cet ouvrage, et sur lesquels l'Eglise ne se serait point encore prononcée.

SOURCES HISTORIQUES

*imprimées et manuscrites, consultées pour l'histoire de la vie
et du culte de Saint Vernier*

---

*Quod in recentiore auctore de rebus
antiquis, sine alicujus vetustioris testi-
monio, profertur, contemnitur.*

(Baronius. in apparatu).

On ne fait pas grand comp'e des
assertions d'un écrivain moderne sur
les faits appartenant à l'antiquité, s'il
ne les appuie du témoignage de
quelque ancien historien.

I. — Ouvrages liturgiques

1° *Breviarium Romano-Trevirense,* ou *propre* du diocèse
de Trèves. Nous en avons extrait l'office du Saint (oraison
et leçons) ; on peut le lire à la fin du volume, aux pièces
justificatives (1ʳᵉ p. n° 3.)

2° *Martyrologe* d'Usuard. -- Edit. de Cologne, 1515,
au 19 avril : « Apud Wesaliam, in diœcesi Trevirensi,
passio beatæ memoriæ Wernheri pueri, qui anno Domini
1287, ætatis suæ 14, à judæïs in die Parasceve suspensus,
flagellatus, in omnibus membris incisus, crudeli morte,
interemptus, multis statim claruit miraculis. » — On lit
à peu près la même chose dans les *additions* de Molanus,
édit. de 1573.

3° *De beatificatione et canonisatione Sanctorum,* par le
pape Benoît XIV. — Il est parlé de notre Saint en divers
endroits de ce docte ouvrage, voir en particulier *l'Elenchus*

sanctorum, t. V, p. 404 : « Beatus *Vincentius Wernerius,* apud Wesaliam diœcesis Trevirensis, a Judæis occisus in odium fidei, *ex immemorabili consuetudine uti martyr colitur...* » Le pontife affirme la vérité historique du martyre du Saint et la légitimité de son culte. Mais le lecteur s'étonnera avec nous de voir l'auteur donner au Saint le prénom de *Vincent.* On ne trouve en effet ce prénom ni dans les *actes* du procès de 1428, que Benoît XIV a certainement eus sous les yeux, ni dans aucun autre historien; il faut donc croire ou à une erreur du copiste, ou à une distraction de l'éminent auteur; *quandoque bonus dormitat Homerus.*

II. — Ouvrages historiques

1° *Trithemii opera historica.* — Jean Trithème, né à Trittenheim au diocèse de Trèves, en 1452, entra de bonne heure dans l'Ordre de S. Benoît. Il fut, en 1483, abbé de Spanheim, au diocèse de Mayence; et, en 1506, abbé de S. Jacques de Wurtsbourg. Il a écrit un grand nombre d'ouvrages historiques, justement appréciés, entr'autres celui que nous avons cité et qui contient les chroniques de Spanheim, année par année. Il y est parlé du martyre, des miracles et du culte de S. Vernier (Werner), p. 200, n° 292, anno Petri abbatis 23, an. Domini 1287.

2° *Chronographia,* de Génébrard, né à Riom, mort archevêque d'Aix en 1592. — In-fol., Paris 1585. A l'année 1287, l'auteur rapporte succinctement le martyre du saint.

3° *Vesontio, civitas imperialis libera, Sequanorum metropolis,* ou *histoire* de Besançon, par Jean-Jacques Chifflet.

— In-fol., Lyon 1618. — J.-J. Chifflet, frère de Pierre-François et de Laurent, jésuites, et de Philippe, abbé de Balerne, père de Jules et de Jean; tous les six, écrivains renommés. Le *Vesontio* de J.-J. Chifflet contient la légende de S. Werner de Bacharach, honoré en Franche-Comté sous le nom de S. Vernier, l'histoire de la translation de ses reliques à Besançon et de son culte dans cette ville.

4° *Continuation des annales de Baronius*, par Henri de Sponde, évêque de Pamiers. Trad. de Pierre Copin. Paris 1654. — A l'année 1287 : « Le Vendredi-Saint, les Juifs firent mourir cruellement, à leur ordinaire, au bourg de Veselle sur le Rhin, un jeune homme nommé *Wernaire*, qui fit plusieurs miracles. » — A la table générale, l'auteur écrit : *Wernère*.

5° *Tables chronologiques*, par le P. J. Gauthier, S. I. — In-fol., Lyon, 1673, p. 717. « L'an 1287, Wernerus enfant chrestien, ravy secrettement par les juifs, fut par eux tué près du Rhein, avec des esguilles et cousteaux pour en recueillir le sang, qui comme martyr fut après illustre en miracles. » — Ce passage est la traduction littérale du latin de Génebrard, mentionné plus haut.

6° *Veterum scriptorum amplissima collectio*, de DD. Martène et Durand, O. S. B. — 9 V. in-fol. — Paris 1724. — Ces savants auteurs ont publié dans leur ouvrage, plusieurs manuscrits du XIV° et du XV° siècle, dans lesquels il est parlé de saint Vernier.

Le premier est un MSS de Nuys (*Novesiense*), au confluent du Rhin et de l'Erst. A l'année 1287, il donne en abrégé la vie du Saint, en indiquant : son pays (*ex villâ Wamradt oriundum*), le lieu de son martyre (*ad oppidum Wesaliense juxtà Rhenum*), la date de ce martyre (*decimo tertio kalendas maii*), le lieu de sa sépulture (*cujus corpusculum in oppido Bacherach humatum.*) op. cit. t. IV, col. 576 et seq.

Le deuxième est intitulé : *Gesta Boëmundi archiep. Trévir.* Nous y trouvons les mêmes choses en un autre style. Id. t, IV, col. 346 et seq.

Le troisième est le *chronicon Cornelii Zantfliet, monachi S. Jacobi Leodiensis, ab anno 1230 ad an. 1461.* — T. V, col. 122 à 412. — L'auteur parle du martyre du Saint à l'année 1287. A l'année 1421, il dit que son culte fut autorisé par le cardinal légat Branda de Châtillon. — Les Bollandistes n'ont pas eu connaissance de cette chronique.

7° D. Calmet — *Histoire ecclésiastique et civile de la Lorraine*, 3 vol. in-fol. Nancy 1728 - t. **3** col. 372 et 373, L. XXIV, n° XCVIII : *Martyre d'un jeune homme nommé Vernier, mis à mort par les Juifs.* — L'auteur donne de la vie du saint l'abrégé le plus exact et le plus complet. Tout ce qui concerne son origine, son martyre et son culte est très fidèlement rapporté.

8° *Historia Trevirensis diplomatica et pragmatica.* 3 v. in-fol. 1750, par Houtheim, évêque auxiliaire de Trèves, mort en 1790. Il parle de saint Vernier au t. II, p. 719, n° 990.

9° *Histoire de l'Eglise*, de Fleury, L. 88, n° 40. (T. 18, p. 407, édit. de 1724.)

10° *Histoire de l'Eglise*, de Rohrbacher, L. 76, — T. 19, p. 245.

11° *Histoire de l'Eglise*, de Béraut-Bercastel, L. 41, n° 28. T. 7, p. 29.

12° *Histoire de l'Eglise*, de Receveur, T. 6, p. 203-204.

Ces quatre derniers historiens donnent identiquement, quant au fond, l'histoire de la vie, du martyre et du commencement du culte de notre saint. Nous passons sous silence un grand nombre d'historiens moins connus, et que pourtant nous avons consultés et confrontés avec les précédents.

III. — Hagiographies ou collections de vies des Saints

1° *Surius*, Chartreux, *Vies des Saints*, écrites en latin, 7 vol. in-fol. Cologne 1572 et 1579. *Historia Wernheri pueri ab impiis judæis crudelissimè necati et multis miraculis clari, ex M. S. codice per F. Laur. Surium, mutatâ dictione descripta*, au 19 avril; édit. de 1572, T. 7 — Edit. de 1579, T. 2.

2° *Acta Sanctorum*, des Bollandistes : *de S. Wernhero puero*... au 19 avril; T. XI de la collection, II du mois d'avril. — Ces savants auteurs consacrent à notre Saint quarante-cinq pages gr. in-fol. Ils reproduisent diverses histoires de la vie et des miracles du Saint, d'après des manuscrits des xiiie et xive siècles ; les actes du procès de béatification ; l'histoire du culte du Saint à Besançon, etc.

3° *Vies des Saints*, de Godescard, Edit. de Lille en 6 vol. in-4°, au 18 avril.

4° *Id.* de Ribadeneira, au 19 avril. Cet auteur est exact pour le fond, mais il défigure les noms propres de lieux, et son style est suranné.

5° *Id.* de Giry, au 19 avril. La vie du Saint se trouve dans toutes les éditions de cet auteur. L'édition de 1719 contient quelques légers détails de plus que les éditions subséquentes. L'édition récente, dite des *Petits Bollandistes* donne d'intéressants détails sur le culte du saint en France, particulièrement en Franche-Comté.

6° *Martyrologe universel*, de Chastelain, gr. in-4°, Paris 1709. — Il est à regretter que cet auteur ait prêté son concours à Mgr de Harlay, archevêque de Paris, pour la confection du nouveau bréviaire ; il est non moins à regretter que, par son influence, il ait entraîné les Bollandistes à se prononcer contre l'origine apostolique des églises de France. Ceci toutefois ne saurait réduire à néant l'érudition de cet auteur ; sur d'autres points, elle est incontestable. Cet auteur mentionne, au 19 avril : « *S. Wernerus (Garnier) d'Oberwésel..* » ; et, à la table générale : « *S. Vernier, honoré à Auxerre, le même que S. Garnier (Wernherus) d'Oberwésel,* » — « *S. Vernir, honoré en Auvergne, le même que le précédent.* » — Ces indications ne se trouvent pas avec la même précision dans les éditions récentes du martyrologe de Chastelain ; il nous suffit de les constater dans l'édition de 1709, la seule que l'auteur ait publiée lui-même.

7° *Dictionnaire hagiographique*, collect. Migne, titre : *S. Verner* ou *Garnier.* Très abrégé, et inexact dans les dates ; il met 1227 pour 1287.

8° *Dictionnaire d'Iconographie*, collect. Migne, titre : *S. Vernier, Vernir* ou *Garnier.* Indique les caractéristiques du Saint.

9° *Caractéristique des Saints.* par le P. Cahier, S. J. — Nous avons parlé de cet auteur dans l'*Introduction* § III, n° 2°. H.

10° *Vies des Saints de la Franche-Comté*, par MM. les professeurs du collège S. François-Xavier, à Besançon. — Besançon 1860. — Ouvrage cité aussi précédemment § II, A.

11° *Vies des Saints d'Auvergne et du Velay*, rééditées par l'abbé Marmeisse, Clermont 1835. — A la fin du T. 2, l'abbé Marmeisse a ajouté une notice sur S. Verny. Cette notice, d'ailleurs très courte, est inexacte sur certains points. Ainsi, l'auteur fait naître le saint en Alsace, tandis qu'il était du diocèse de Trèves. Il le fait vivre et mourir au milieu du XIIIᵉ siècle, tandis que le saint mourut en 1287, étant âgé de quatorze ans. Les causes du martyre du Saint sont entremêlées de détails imaginaires.

IV. — Vies particulières de Saint Vernier

1° MS. *S. Wernheri antiqua historia, pindaricè, heroïce prosaicè et musicè composita.* — MS. sur parchemin, du XVᵉ siècle, conservé à la bibliothèque de la ville de Trèves. Les titres et les initiales sont enrichis de belles miniatures. C'est une copie d'un MS. du XIVᵉ siècle.

2° *Abrégé de la vie du glorieux S. Vernier, patron des vignerons,* in 12, Besançon 1672, approuvé par Jobelot, Vic. gén. — C'est une reproduction de la vie du Saint, publiée par le P. Eusèbe, capucin, en 1621.

3° *Saint Wernersbüchlein,* ou *petit livre de S. Verner,* Coblentz, 1760, 2ᵉ *édition.* Il contient la *légende allemande* que nous citons quelques fois.

4° *Livre de la confrérie de S. Vernier,* martyr, patron des vignerons de la ville de Beaune. — In-18, Beaune, 1841. — Ce petit livre est revêtu de l'*imprimatur* de M. Colet, alors vicaire-général de Dijon, mort archevêque de Tours. Il contient la vie de S. Vernier, les statuts de la

Confrérie des vignerons sous son patronage, la messe et les vêpres pour le jour de la fête du Saint, etc.

V. — Ouvrages relatifs au culte de Saint Vernier en Auvergne

1° MS. *Procès-verbaux des visites pastorales des évêques de Clermont pendant les* XVIIe *et* XVIIIe *siècles.* — 49 vol. in 4°, à la bibliothèque du grand Séminaire à Montferrand. — Ainsi que le lecteur pourra s'en convaincre aux pièces justificatives, ce recueil contient de précieux témoignages sur le culte de S. Vernier en Auvergne, avant la grande révolution.

2° MS. *Registres de la Confrérie du glorieux S. Verny, établie à Brioude,* en 1672. — Ces registres ont échappé à toutes les injures du temps et des hommes ; ils sont bien connus à Brioude de tous ceux qui s'y occupent de recherches historiques.

3° *Histoire des Communautés des arts et métiers de l'Auvergne,* par M. N. Bouillet, Clermont, 1857, in 8°. - L'auteur est bien connu par ses nombreux ouvrages historiques sur l'Auvergne. Nous l'avons cité précédemment § III. F.

Nous avons aussi compulsé ou consulté, parfois avec profit, bien d'autres ouvrages, comme le lecteur a pu déjà le voir dans l'introduction, et comme il le remarquera dans le cours du livre.

CHAPITRE PREMIER

Bacharach où commença le culte de saint Vernier. — Des diverses modifications du nom de saint Vernier.

Le voyageur qui suit le cours du Rhin, de Mayence à Coblenz, aperçoit tout-à-coup, sur la rive gauche du fleuve, à quelques lieues au-dessous de Bingen (1), dans un site éminemment pittoresque, une petite ville qui compte près de deux mille habitants. C'est Bacharach, célèbre dès les temps les plus reculés par l'excellence des vins que produisent ses coteaux.

Les Romains les avaient appréciés ; le pape Pie II (Œneas-Sylvius Piccolomini) s'en procurait, dit-on, tous les ans ; et, s'il faut en croire la tradition, la ville

(1) Bingen, au confluent du Mein et du Rhin, a été illustré par la vie et la mort du vénérable Barthélemy Holzhauser.

de Nuremberg obtint des puissants empereurs d'Allemagne ses franchises municipales, moyennant la redevance annuelle de quatre barils de vin de Bacharach.

Peu de petites localités, même sur les pittoresques bords du Rhin, peuvent offrir au voyageur autant de beaux monuments historiques.

Au sommet de la montagne sur laquelle s'appuie la ville, se dressent comme une couronne, les imposantes ruines, recouvertes de lierre, du château féodal de Stahleck, résidence des Comtes palatins aux XIIe et XIIIe siècles. Là, séjourna souvent avec ses troubadours, Conrad de Hohenstoffen (1156-1195). Là, le duc Henri de Saxe-Brunswick conquit l'affection et obtint la main de la belle Agnès, fille unique et héritière de Conrad (1194). Là, les empereurs Frédéric II (1220-1250) et Louis-le-Bavarois (1320-1347) tinrent maintes fois leur cour.

En bas, à fleur d'eau, est un rocher volcanique, sur lequel, d'après la tradition, les Romains avaient élevé un autel à une de leurs fausses divinités, et cet autel fameux aurait donné son nom à la petite ville : *Bacchi ara.*

A quelques pas du fleuve, est un mur d'enceinte, jadis crénelé, contre-butté par quatre tours carrées, ébréchées depuis des siècles, paraissant toujours sur le point de crouler, et néanmoins toujours debout. Contre cette enceinte même, dans laquelle les maisons se sont ouvert des galeries et des fenêtres, et au-delà de l'enceinte, l'œil aperçoit un gracieux pêle-mêle d'édifices de divers styles, tous marqués du cachet de l'antiquité.

A l'extrémité de la ville, tout au pied de la colline, se dresse une magnifique église romane, surmontée d'une flèche élancée ; c'est l'église de Saint-Pierre. Construite au xiie siècle par les Comtes palatins de la maison de Wiltelsbach, desservie par un Chapitre jusque vers la fin du xvie siècle ; elle est aujourd'hui, hélas ! un temple protestant.

A mi-côte, au-dessus de l'église de Saint-Pierre, sur une petite esplanade, apparaissent les restes magnifiques d'une église gothique. Sans portes, sans toits, sans vitraux aux fenêtres ogivales, ces pans de mur en belle pierre rouge se profilent fièrement sur l'azur du ciel, pour attester la foi généreuse des siècles passés. Ces belles ruines, le touriste les admire en passant ; le batelier du Rhin les salue du plus loin qu'il les aperçoit ; et lorsque le vigneron catholique, allant à son travail, passe en vue ou au pied de la colline qui leur sert de piédestal, il se découvre, fait le signe de la croix et invoque *saint Verner*.

C'est là, en effet, sur cette colline, que commença, pour ne jamais cesser, le culte que les peuples, depuis six siècles, rendent au Saint dont nous écrivons la trop courte histoire. C'est dans cette belle église, aujourd'hui en ruines, que le corps du Saint reposa pendant trois siècles et demi.

Des bords du Rhin, le culte du Saint se propagea rapidement dans toute la Basse-Allemagne, dans la Suisse allemande, dans le Luxembourg, en Alsace, en Lorraine. Les populations viticoles de ces diverses contrées adoptèrent ce Saint pour leur patron spécial. Elles l'invoquent encore aujourd'hui sous le nom de *saint Verner*.

Avant notre Saint, ce nom de *Verner* (en allemand *Werner* ou *Wernher*), très commun aujourd'hui en Allemagne, avait été porté avec gloire par d'autres personnages illustres en sainteté. Ainsi, nous lisons dans les catalogues de l'antique Germanie les noms de saint Werner, évêque de Mersebourg en Saxe (1110), honoré le 11 janvier; et de saint Werner, moine d'Hemmenrode, de l'Ordre de Cîteaux (XIIe siècle).

Pendant que notre Saint était sur la terre, le siége archiépiscopal de Mayence était occupé par un prélat du nom de Werner de Falkenstein. Et, dans les premières années du XIIIe siècle, un des archevêques de Trèves, qui aura à s'occuper du culte naissant du jeune martyr, s'appellera Werner de Konigstein (1).

Les premiers historiens de saint Werner se sont occupés, selon le goût de leur époque, de rechercher la signification étymologique de son nom. — Wernher disent les uns, signifie *défenseur*; et jamais signification ne fut mieux justifiée. Le Saint, en effet, s'est

---

(1) Dans le seul tome VI des *Actes des Saints de l'Ordre de S. Benoit*, nous avons relevé les quelques noms suivants : 1101, Werner de Groningue ; 1119, le comte Werner fonde le monastère de Breydenaug, en Hesse ; 1123, Wernerius, abbé de Saint-Gall; 1130, Wherner, abbé d'Einsiendeln; 1144, Wernher, abbé d'Erford (Erpherfurtiensis).

défendu vigoureusement des trois ennemis de l'âme :
le monde, Satan et la chair. Il a triomphé du monde
par sa simplicité colombine ; de Satan, par l'innocence
et la sincérité de sa vie ; de la chair, par sa pureté
virginale. Il est, en outre, pour nous un *défenseur*, en
ce que, par ses exemples, il nous apprend à combattre
vaillamment les trois mêmes adversaires (1).

Selon d'autres, le nom de *Wernher* serait en parfaite
harmonie avec l'humble condition de l'enfant et de
sa famille ; il signifierait tout simplement *berger* (2).

(1) « Wernherus dicitur Abactor vel Præmunitus, quia a se
tres abegit inimicos, et vitâ suâ docet abigendos, vanitatem
videlicet mundi, invidiam diaboli et desideria carnis. — *Aut.
leg. in Act. SS., p. 697, E.* » — Cette étymologie est la seule
admise par les philologues allemands, tant anciens que modernes.
D'après eux, le nom de *Wernher,* ou p. abrév. *Werner,* est
composé du substantif *Wehr,* plur. *Wehren,* défense, résistance,
ou de son dérivé *Wehren,* réprimer, résister, s'opposer ; et de
heer, armée, bande, troupe, foule. Le sens le plus exact du nom
de *Wernher,* serait alors *défenseur du peuple.* — Cette interprétation est exposée scientifiquement dans le dictionnaire
étymologique de Wackernagel, et dans le grand dictionnaire
allemand de Weigand. — Giessen, 1876. T. 2, p. 1096.

(2) Les Bollandistes (p. 698, A.) partisans de cette seconde
interprétation, déduisent *Wernher,* p. abrév. *Werner,* du
subst. *Wer* (vieux allem.), plur. *Weren,* mouton (en latin
vervex), et de *heer,* maître. — Wernher, en latin *oviûm dominus,*
maître des moutons ou berger. Les Bollandistes sont seuls de
leur avis ; et leur opinion, outre qu'elle n'est mentionnée dans
aucun dictionnaire étymologique, est absolument repoussée par
tous les philologues modernes que nous avons consultés.

La première signification prête davantage aux développements oratoires. La seconde, tout en accordant moins à l'imagination, n'est pas pour cela dépourvue de poésie. Chez les anciens, la vie pastorale était en grand honneur, comme présentant le type idéal de la simplicité et de la bonté; or, ces deux vertus resplendissent magnifiquement en notre Saint.

Quoiqu'il en puisse être de ces deux significations, il est historiquement vrai que notre jeune Saint reçut au baptême le nom de *Wernher*, et qu'il est honoré et invoqué sous ce nom dans le diocèse de Trèves et dans les diocèses environnants.

Les vignerons de la Franche-Comté d'abord, puis ceux de la Bourgogne, ne tardèrent pas à se placer sous le patronage du Saint; mais ils adaptèrent son nom au génie de la langue française. Ils l'appelèrent et l'appellent encore aujourd'hui : *saint Vernier*.

De la Bourgogne, le culte du Saint passa dans les contrées vignobles de la basse Auvergne, et son nom y subit une nouvelle modification; en Auvergne on dit : *saint Verny*.

Toutes ces différences, peu essentielles d'ailleurs, on en conviendra, ne prouvent rien contre l'identité du Saint : Nous avons surabondamment prouvé dans l'*Introduction* que *saint Verny*, honoré en Auvergne, est le même que *saint Vernier*, honoré en Bourgogne et en Franche-Comté; le même que saint *Werner*, honoré à Trèves.

Pour désigner notre Saint, nous emploierons plus habituellement, dans le cours de cette histoire, le nom sous lequel il est le plus généralement connu en France; nous l'appellerons : *saint Vernier*.

CHAPITRE II.

Naissance de saint Vernier. — Ses parents. — Son éducation. — Vertus de ses premières années.

A une journée de marche à l'ouest de Bacharach, est la paroisse rurale de Kirchberg, près de Stromberg sur le Hundsrück (*dos de chien*), montagne du Palatinat. Un petit village de cette paroisse porte le nom de Vammeratt; c'est là que saint Vernier vint au monde, en l'année 1272, ou au plus tard en l'année 1273 (1). La maison où il naquit n'existe plus aujourd'hui; mais le peuple a gardé le souvenir précis de l'emplacement qu'elle occupait. Une habitation a été construite sur cet emplacement; et les bons paysans qui y demeurent sont heureux et fiers de

(1) Natus est Wernerus circà annum Domini 1273, vel quasi. *Déposit. de plus. tém. au procès de 1428. Cf. Bolland.,* p. 715, C — Wernerus puer, pago Wammenrato qui à Baccharaco abest itinere unius diei. *Surius,* p. 319. — Ex villâ Wamradt oriundum. *MS. de Nuys cité par D. Martène.*

répéter qu'ils habitent aux lieux où naquit saint Vernier, où se passa dans l'innocence et la piété la majeure partie de sa courte existence.

Les fidèles de Kirchberg n'ont pas oublié leur bienheureux compatriote. Dans l'église paroissiale où saint Vernier reçut la grâce du baptême, son image est exposée à tous les regards au-dessus du maître-autel. Il est représenté sous les traits d'un gracieux adolescent, vêtu d'une courte tunique de pourpre. D'une main, il tient la serpette du vigneron ; de l'autre, la palme des martyrs ; près de lui est un cep chargé de raisins.

Le père et la mère de saint Vernier étaient cultivateurs, propriétaires de quelques petites parcelles de terre, dont le produit ne pouvait suffire à leur existence. Pour augmenter leurs ressources, ils devaient aller, le plus souvent, travailler chez leurs voisins plus riches ; ils s'occupaient principalement de la culture de la vigne. C'étaient de braves et honnêtes gens, dans toute la force du terme ; et, ce qui vaut infiniment mieux, d'excellents chrétiens, observant de leur mieux les saintes lois de Dieu et de l'Eglise (1). Aussi étaient-ils, malgré l'infériorité de leur condition, justement estimés et honorés de tous leurs concitoyens.

Ces pieux parents élevèrent avec le plus grand

______

(1) Rusticâ stirpe christiana... Christianus de christianis... *Dép. des tém.* — Ortus est stirpe rusticâ, sed cultu Christi sanè nobili. *Surius loc. cit.*

soin l'enfant que Dieu leur avait donné (1). Ils ne se contentèrent pas de lui apprendre de bouche les maximes de l'honnêteté et de la vertu ; ils s'appliquèrent surtout à les lui inculquer en tout et toujours par l'exemple. Ils savaient trop bien que, sans l'exemple, la parole n'est rien pour un enfant ; et que, trop souvent, les plus beaux enseignements, même joints à la surveillance la plus rigoureuse et à la correction la plus sévère, sont à peu près inutiles, si l'exemple n'est pas là pour les appuyer.

Comme tous les enfants de la campagne, le jeune Vernier fut de bonne heure occupé à seconder ses parents dans les travaux de leur état ; et, comme son père, il fut principalement employé aux travaux que réclame la vigne.

Hâtons-nous de dire que son application au travail ne lui fit jamais oublier ce qu'il devait à Dieu. —

(1) Notre Saint ne fut pas le seul enfant des pieux vignerons de Wammeratt ; ou, du moins, sa mère eut d'autres enfants d'un second mariage ; le fait est hors de doute. Dans les *Actes du procès* de 1428, dont nous donnons quelques extraits dans le cours de l'ouvrage, il est parlé d'un frère du jeune martyr ; puis *des fils de la mère* de S. Verner. Mais aucun historien ne nous a laissé de détails sur le nombre des frères du Saint et sur leur histoire particulière. Il est certain, en outre, qu'un des frères du saint eut des descendants. Le témoin Jean Bintreiff déclare avoir connu à Wammeratt une nièce de S. Werner. Plusieurs des témoins qui se glorifient d'appartenir à la famille du Saint, comme descendants ou comme collatéraux, déclarent avoir partagé entre eux tout le pauvre mobilier de sa maison paternelle. (V. ci-après, chap. XII.)

« Tout en travaillant la terre autant que ses forces le lui permettaient, dit le bréviaire de Trèves, il travaillait plus assidûment encore à orner son âme de toutes les vertus qui plaisent au Seigneur (1). »

A notre grand regret, nous ne trouvons dans les anciens historiens du Saint, que bien peu de détails sur son enfance. Selon le goût de leur époque, ces historiens se sont surtout attachés à mettre en relief le côté surnaturel plutôt que le côté pratique de la courte existence de Vernier; et dès lors qu'ils le proclamaient martyr de Jésus-Christ, ils se croyaient dispensés de le louer de ses autres vertus (2). Tous cependant s'accordent à nous dire que les traits caractéristiques du jeune Vernier furent une piété angélique, une candeur toute virginale et une charité sans bornes (3). Aussi, bien avant le sanglant et courageux martyre qui l'éleva sur les autels, tous ceux qui le connaissaient lui avaient décerné l'épithète louangeuse de *Bon;* on l'appelait communément *le bon Werner* (4).

La piété est utile à tout, nous dit l'apôtre Saint

(1) Non tam arva sub aratro, quàm animum excolens assiduo virtutum studio. — *Brév. Trèv.* l. IV.

(2) Appellavi martyrem, prædicavi satis. — *S, Ambr. Epist. de Virgin.*

(3) Puer... simplex. humilis... pius, timoratus... Christo devotus... virginali puritate redimitus. — *Surius.* — *Ant. leg.* — *Bolland.* et alii.

(4) Quemdam puerum, nomine Warnerum, dictum Bonum... *Chron. Leod.* ap. D. Martène, *Ampl. coll.*, t. V, p. 122.

4.

Paul; *elle a les promesses de la vie présente et de la vie future.* Cette parole s'est vérifiée dans notre Saint; sa piété le rendit cher à Dieu et aux hommes. Il aimait Dieu, son créateur; il aimait Jésus-Christ, son rédempteur; il aimait la très sainte Vierge Marie qui nous a donné Jésus. La manifestation la plus habituelle, en même temps que l'aliment de la piété, est la prière; et Vernier y était assidu. Quand il priait, on s'édifiait de son attitude modeste et recueillie, sérieuse sans affectation, rehaussée par l'expression toute céleste qui se peignait sur ses traits; on sentait que Dieu habitait vraiment en ce bienheureux enfant et se plaisait à converser avec lui. La piété a horreur du péché; et Vernier avait appris de sa vertueuse mère à redouter l'offense de Dieu comme le plus grand de tous les maux. Le blasphème, si fréquent parmi les travailleurs, si fréquent même, hélas! dans la bouche des enfants, ne déshonora jamais ses lèvres. Il avait en horreur le mensonge, la dissimulation, la désobéissance.

Catholique, non-seulement parce que sa naissance et son baptême l'avaient fait tel; mais « *vraiment catholique* (1), » par l'adhésion de plus en plus prononcée de son esprit aux vérités de la foi, et par la soumission de plus en plus généreuse de son cœur aux préceptes divins, Vernier aimait la sainte Eglise qui l'avait enfanté à la vie de la grâce. Et nous le verrons plus tard en accomplir fidèlement toutes les

(1) Puer verè catholicus. — *Surius*, p. 319.

lois, alors même qu'errant loin de la maison paternelle, il ne sera plus sous l'œil vigilant de sa mère.

Parmi toutes les vertus que le souffle de la piété
faisait épanouir dans la belle âme du jeune Vernier,
le ciel et la terre admiraient le lys blanc et embaumé
de sa candeur virginale (1). Son intelligence, pourtant
vive et précoce, ignora toujours le mal, et l'ignora
volontairement. Son cœur, tout épris d'amour pour
ce Jésus qui *se plaît parmi les lys*, repoussa toujours
avec horreur tout ce qui aurait pu attrister les regards
divins du Sauveur. Ses lèvres, comme ses oreilles,
demeurèrent absolument fermées aux paroles mal-
séantes, triste indice de la corruption du cœur qui les
inspire, et objet de scandale pour ceux qui les
écoutent. Et si jamais, hors de sa chrétienne demeure,
l'enfant se trouva environné d'exemples mauvais, sa
volonté énergique sut toujours se préserver de leur
contagion (2). Aussi, lorsqu'après le martyre de ce
bienheureux enfant, son corps fut retrouvé, radieux
et exhalant un parfum céleste, les populations qui
l'avaient connu lui décernèrent à l'envi la double
palme de la virginité et du martyre.

La limpidité de cette âme si candide se reflétait
gracieusement à l'extérieur de l'enfant : dans la

(1) Has inter virtutes, eximiæ curâ castimoniæ... præfulsit.
— *Brév. Trév.*, l. IV.

(2) Tres à se abegit inimicos, vanitatem videlicet mundi,
invidiam diaboli, et desideria carnis. — *Ant. leg. ap. Bolland.*
p. 697.

sérénité de son front immaculé, dans la franchise pleine de douceur de son regard, dans son sourire plein de charmes. Vernier était beau de visage, bien fait de corps, gracieux et vif dans sa démarche et dans toutes ses manières, adroit dans tout travail (1); et ces avantages extérieurs dont « l'humble enfant » ne tirait d'ailleurs aucune vanité, donnaient à sa vertu un charme tout particulier. Tous ceux qu'il approchait s'attachaient sincèrement à lui, comme on s'attache à toutes les belles œuvres de Dieu (2). Les mères de famille, avec une sainte envie, désiraient voir tous leurs enfants semblables au *Bon Werner;* et elles le leur proposaient comme un modèle à imiter. Cette grande amabilité du jeune Vernier et l'affection qu'il inspirait à tous, nous donnent dès à présent le secret de la popularité qui s'attacha à son nom aussitôt après son martyre.

La pureté est belle devant Dieu et devant les hommes ; « mais, dit saint Grégoire, quelque parfaite qu'elle soit, elle a peu de prix aux yeux du Seigneur si elle n'est accompagnée des bonnes œuvres, accomplies dans la mesure du possible (3). » L'instinct chrétien du jeune Vernier avait compris cette

(1) Hilaris... in omnibus operibus et negotiis velox et agilis.., sibi similem non habuit. — *Procès,* dépos. du tém. 9ᵉ. Bolland.. p. 719 c.

(2) Cum omnium sibi vendicaret amores... *Brév. Trèv.,* l. V. — Er gewann sich die Liebe aller. *Ant. leg. Allem.*

(3) Nec castitas ergo magna est sine bono opere. — *Homil. 13 in Ev.*

vérité ; et à cette pureté irréprochable qui l'égalait
aux anges, il joignit de bonne heure les saints
exercices de la charité (1). Pauvre lui-même, il
aimait les pauvres ; et son plus grand bonheur était
de les secourir selon ses moyens. Ses pieux parents,
malgré la gêne de leur position, voisine de l'indigence,
secondaient de tout leur pouvoir les généreuses
inclinations de leur enfant. Sa vertueuse mère surtout
était vraiment heureuse de voir se développer dans
son fils la charité chrétienne, cette belle vertu que le
Sauveur doit récompenser si magnifiquement au
dernier jour (2). Le *bon* Vernier, d'ailleurs, avait
trouvé le moyen de se faire un petit trésor pour les
pauvres. Les cadeaux qu'il recevait des personnes
riches qu'intéressaient sa politesse naïve, sa gracieuse
candeur et toutes ses autres qualités, les petits gains
qu'il pouvait faire en travaillant parfois chez des
voisins, alimentaient son modeste fond de charité (3).
Et le spectacle de cet enfant pauvre, mais pieux et
pur, distribuant joyeusement à de plus pauvres que
lui le peu qu'il avait, réjouissait les anges du ciel.

Quand Vernier déposait dans la main du malheureux sa petite obole, c'était de si bon cœur et de si
bonne grâce que les pauvres étaient bien plus touchés

(1). . . .Eximiæ curâ castimoniæ, tum et præprimis præfulsit
misericordiâ. — *Brev. Trev.*

(2) Habuit matrem deditam pietati, et in bonis studiis sibi
faventem. — *Surius* p. 319.

(3) Ex iis quæ potuit acquirere labore suo, pié aliquid
impertiens egenis. — *Surius* p. 319.

de ses douces manières et de ses bonnes paroles qu'ils ne pouvaient l'être de son aumône. Aussi ne manquaient-ils pas de lui dire avec empressement : Dieu vous le rende, bel enfant !

Dieu ne laisse rien perdre de ce qu'on fait pour lui ; pas même le simple verre d'eau froide donné en son nom et pour son amour. Ecoutant le cri de ses pauvres, il a rendu au centuple à saint Vernier tout ce que ce vertueux enfant avait fait pour eux et pour lui. Il le lui a rendu, non pas en biens temporels qui passent et qu'il faut laisser un jour, mais en biens spirituels qui durent toujours. Il le lui a rendu en culte de l'Eglise, en bénédictions des peuples, en honneurs éternels.

Les dix premières années de la vie de Vernier se passèrent ainsi sous l'œil de Dieu et de ses parents, dans l'innocence, la piété, l'obéissance, le travail, la charité ; et ces précieuses vertus croissaient de jour en jour avec lui.

CHAPITRE III

Vernier âgé de dix ans perd son père. — Il est obligé de quitter la maison paternelle. — Il travaille de côté et d'autre. — Premier miracle.

Vernier était parvenu à l'âge d'environ dix ans, lorsqu'il eut le malheur de perdre son père. Ce fut pour son cœur si aimant une douleur inexprimable ; cependant il ne murmura point contre les décrets de la Providence divine. Il savait trop bien qu'elle ne permet rien que pour notre avantage, quand bien même nous ne le comprenons pas tout d'abord. Plus que jamais, il s'attacha à la prière et s'adonna à la piété. En même temps, par un redoublement de prévenances et d'affection, il s'efforçait de consoler sa pauvre mère.

Celle-ci, se voyant seule avec un enfant bien jeune encore, incapable de cultiver le petit bien qu'ils possédaient et dont le produit était à peine suffisant pour les faire vivre, entraînée par les conseils de personnes qu'elle croyait prudentes et sages, ne tarda pas à se remarier.

En acceptant un nouvel époux, elle croyait bien faire et assurer un protecteur à son fils; en réalité elle ne lui donna qu'un ennemi, et se ménagea à elle-même les plus cruelles épreuves. Son nouveau mari, à peine installé dans la maison, se montra mauvais caractère, avare et brutal. La grâce et la douceur du jeune Vernier, son malheur d'être orphelin, ne purent attendrir ce méchant cœur. Il n'était sorte d'injures qu'il n'eût sans cesse à la bouche contre l'innocent enfant; il n'est pas de mauvais traitement qu'il n'imaginât pour le tourmenter (1).

La mère de Vernier, comme son devoir l'y obligeait, voulut tout d'abord prendre la défense de cet enfant qui était toute sa consolation et que tout le monde aimait. Son brutal époux tourna alors sa fureur contre elle; il alla jusqu'à la frapper.

Tant que ce méchant homme ne s'était attaqué qu'à lui, Vernier s'était patiemment résigné; il se consolait ensuite avec Dieu qui habitait en son cœur. Mais lorsqu'il vit sa mère souffrir et être maltraitée à cause de lui, il résolut, quoiqu'il lui en coutât de se séparer d'elle, de quitter la maison paternelle, cette maison qui devait un jour lui revenir. Il pensait que son beau-père, en ne l'y voyant plus, n'aurait plus de prétexte ni d'occasion de tourmenter sa mère. Un jour donc, réunissant quelques effets, il prit son petit

____

(1) Insontis vitæ candor, cùm omnium sibi vendicàret amores, solius vitrici odium declinare non potuit. *Brév. Trèves,* I, V.

bâton à la main et sa serpette de vigneron, et s'en
alla sous la garde de Dieu.

Son intention n'était pas de courir le pays en
mendiant, mais bien de gagner sa vie par son travail
à la sueur de son front (1). Partout où il passait, il
offrait ses services et ses bras. Il fut ainsi employé
en divers endroits; quelquefois comme berger pour
garder un petit troupeau de brebis; quelquefois aussi
comme aide au service des maçons pour porter la
pierre et le mortier. D'anciennes images et la statue
du saint, sur la porte de sa chapelle à Bacharach, le
représentent appuyé sur l'auge en bois avec laquelle
les aides-maçons portent le mortier sur leurs épaules,
et qui est appelée dans le langage vulgaire : l'*oiseau* (2).
Mais, dès que la saison le permettait, Vernier s'em-
ployait de préférence à tous les divers travaux réclamés
par la culture de la vigne; car, ainsi que nous
l'avons déjà observé, il y avait été formé dès sa
première enfance. Les témoins, au procès de 1428,
déclarèrent avoir appris de témoins oculaires que le
pieux enfant avait travaillé en particulier aux
vignobles d'un certain Breitscheid, riche propriétaire

(1) Quantùm vires admittebant, panem suum in labore et
sudore quæsivit. *Antiq. lég. ap. Boll., p. 698, D.*

(2) « ... In ipsa primaria porta templi, affabrè et ex
durissimo ligno facta, expressa est parva statua illius Sancti
cum instrumento ligneo instar *lintris*, in quo calx præparata à
servis fabrorum murariorum ferri solet ad fabricas aut muros
instruendos. » — Acta SS. 19 april., p. 734, E. — *Linter*, gén.
lintris, baquet.

de Steeg, gros bourg peu distant d'Oberwésel, et qu'il avait grandement édifié par le spectacle de sa vertu précoce tous ceux qu'il avait approchés (1).

Son gain était petit; et néanmoins il trouvait à le partager avec de plus pauvres que lui. « Très pauvre lui-même, dit le bréviaire, il distribuait généreusement à d'autres pauvres ce qui lui restait du petit salaire de sa journée; et le spectacle de la charité de cet innocent enfant réjouissait les anges du ciel (2). »

Comme les travaux auxquels son âge lui permettait de s'adonner ne pouvaient l'occuper toute l'année au même endroit, il allait de çà et de là, partout où il pensait pouvoir trouver un honnête travail; et tant qu'il trouvait à s'occuper dans une localité, il ne s'en éloignait pas. Ainsi se passèrent pour lui près de quatre ans.

Dans ces pérégrinations, il eut plus d'une fois à souffrir de la faim; et il dut alors, lui qui si souvent avait fait l'aumône aux autres, la demander à son tour (3). *Il y a plus de bonheur à donner qu'à recevoir,*

(1) Testis CXVII confitetur se audivisse a quodam Joanne Schuring... quod viderit beatum puerum Wernherum... fimum cuidam nobili Stegensi, dicto Breytscheid, fimum ad vineas portantem, et quod fuerit virtuosus puer. — *Procès.* Cf. *Act. SS.* p. 749, 23, B.

(²) Stipendii diurni residuum pauperibus, lœto cœlitibus spectaculo, pauperrimus ipse erogabat. — *Brév. Trév.*, l. IV.

(3) Puer quidam mendicus, Wernherus nomine... *MS. de Nuys, cité par D. Martène.*

a dit Notre-Seigneur Jésus-Christ (1); le pieux
Vernier avait compris cette parole; il avait goûté la
béatitude qu'elle promet. Il la goûtait encore, alors
même qu'il recevait; car, en échange du don reçu, il
donnait sa reconnaissance et sa prière; et Dieu ne
refusait pas le miracle à la prière de ce cœur simple
et pur.

Le souvenir d'un de ces prodiges, accordés à la
supplication de Vernier, est demeuré profondément
gravé dans la mémoire des peuples; et la preuve
matérielle en subsiste encore aujourd'hui.

Un jour, Vernier avait marché longtemps sans
avoir pris aucune nourriture. Apercevant des travailleurs dans une vigne (2), non loin du sentier
qu'il suivait, il se dirigea vers eux, et leur demanda
par charité, un peu de pain. Ces braves gens le lui
donnèrent bien volontiers. Ils lui auraient aussi offert
à boire, mais ils n'avaient en ce moment à leur
disposition aucune boisson, et ils souffraient eux-
mêmes alors cruellement de la soif, car il faisait très

(1) Cette parole n'est pas écrite dans l'Évangile même :
mais, recueillie par la tradition, elle nous est transmise par
l'apôtre S. Paul, affirmant qu'elle a été dite par le Sauveur :
Ipse (Jésus) dixit : beatius est magis dare quam accipere
Act. 20, 35.

(2) La légende latine dit : *des paysans* (colonos) : la vie
du Saint par le P. Eusèbe, capucin (1621), dit simplement :
des vignerons; la légende allemande et le bréviaire de Trèves
disent : *des bergers* (hirten. pastores). Ces trois expressions
différentes ne se contredisent pourtant pas.

chaud ce jour-là, et il n'y avait aucune source aux environs. Le charitable Vernier, compatissant à leur souffrance et désireux de leur témoigner sa gratitude, se jette à genoux et prie avec ferveur. Puis, se relevant, il traça avec son petit bâton le signe de la croix sur le sol aride, et il en jaillit aussitôt une source d'eau fraîche et limpide. Les travailleurs se désaltérèrent avec délices, en exaltant la puissance et la bonté de Dieu, et la sainteté de son serviteur.

Ce miracle est mentionné formellement dans les leçons de l'office du Saint pour le diocèse de Trèves. La source miraculeuse coule toujours; elle est appelée encore aujourd'hui : *La fontaine de saint Verner* (en allemand *Wernersbrunnen*). Elle est dans la campagne, à quatre lieues environ à l'ouest de Bacharach, sur la route qui conduit de cette ville au bourg de Saint-Vandelin (*Sanct-Wendel*).

Ceux que le Saint avait si providentiellement secourus le pressèrent de rester avec eux. Il passa, en effet, quelques jours dans leur compagnie, travaillant avec eux et les édifiant par sa piété, sa douceur et sa modestie. Puis, s'apercevant que ces gens n'avaient plus besoin de ses bras, et ne voulant être à charge à personne, il se dirigea vers Oberwésel, où il espérait trouver plus sûrement du travail.

En arrivant dans cette localité, il trouva à se loger chez une brave vieille femme, bonne chrétienne. Et celle-ci se sentit tout d'abord éprise d'une affection toute maternelle pour cet innocent jeune homme qui paraissait si pieux et si doux, et qui était cependant si délaissé.

CHAPITRE IV

Saint Vernier à Oberwésel. — Il travaille chez des Juifs. — Haine des Juifs contre les Chrétiens.

Oberwésel, l'antique *Vesalia* des Romains, est située à quelques kilomètres seulement au-dessous de Bacharach, sur la même rive, au milieu de vallées rocheuses qui produisent des vins estimés. C'est une jolie petite ville de 2,600 habitants (1).

Assise en amphithéâtre, des bords du Rhin à mi-côte, elle a un aspect tout féodal avec ses antiques murailles et ses quatorze tours crénelées, en partie recouvertes de lierre au feuillage touffu. Deux belles églises de la plus pure école gothique, Notre-Dame et Saint-Martin, dressent leurs flèches élancées au-dessus des toits aigus et des pignons qui rappellent le moyen-âge.

(1) Ober-Wesel *(Wesel supérieur)* est ainsi appelé pour le distinguer d'un autre Wesel qui est situé dans le pays de Clèves, beaucoup plus bas, au confluent de la Lippe et du Rhin.

Non loin des bords du fleuve, un peu à part, le voyageur aperçoit une gracieuse chapelle récemment restaurée. C'est la chapelle de *saint Verner*. Elle s'élève sur l'endroit même où notre saint souffrit le martyre que nous allons rapporter.

Au XIIIe siècle, les juifs étaient forts nombreux sur les belles rives du Rhin. Il y en avait plusieurs centaines à Oberwésel; ils étaient tous riches et puissants. Voyant le jeune Vernier plein de douceur et de simplicité, d'un extérieur agréable et modeste, ils ne manquèrent pas de l'attirer chez eux et de lui confier divers travaux.

Plusieurs mobiles les faisaient agir ainsi. D'abord leur avarice bien connue profitait de l'inexpérience du jeune homme et de l'abandon dans lequel il se trouvait pour payer moins cher ses travaux. Puis, le voyant simple et confiant, sans aucun soupçon de la malice humaine, ils eurent bien vite formé le projet de l'immoler à leur haine pour le Christ et pour les chrétiens.

C'est une chose avérée dans l'histoire que les juifs fanatiques, imbus des faux principes du Talmud, regardaient comme un acte méritoire le meurtre d'un chrétien. Et c'était principalement aux environs de la fête de Pâques que, leur haine du Christ se réveillant plus forte, ils cherchaient à immoler un de ceux qui sont marqués de son signe.

Aujourd'hui, en nos pays où presque rien ne peut échapper à la surveillance ou aux recherches de la police, ces immolations atroces ont cessé. Mais dans les contrées où la surveillance de la police laisse à désirer, où la justice n'existe guère que pour la forme, le fanatisme judaïque ne manque pas de renouveler, même de nos jours, les excès des temps passés. C'est ainsi que le 5 février 1840, le P. Thomas, missionnaire capucin à Damas, homme vénérable par son âge, son zèle et sa charité, fut attiré le soir dans une maison juive sous prétexte de vacciner un enfant. Là, il fut cruellement mis à mort par les principaux d'entre les juifs. Le domestique de la mission, ne voyant pas revenir le Père, vint pour s'informer de ce qu'il était devenu; il subit le même sort que son maître.

Le public chrétien et mahométan de Damas s'émut de cette double disparition, arrivant après certaines autres qui n'avaient jamais été expliquées. Les coupables furent découverts, arrêtés et convaincus; ils ne purent nier leur crime. Mais alors les juifs d'Europe se mirent en mouvement pour venir au secours de leurs coréligionnaires de Damas. A force d'intrigues et d'argent, ils étouffèrent la voix de la justice turque et arrêtèrent ses poursuites. Et le silence se fit sur cette odieuse affaire (1).

Au moyen-âge, ces immolations de chrétiens par des juifs étaient très fréquentes; et c'était particulièrement sur les enfants que les juifs assouvissaient leur haine du nom chrétien. Soit qu'il leur fût plus facile de les attirer dans leurs pièges et de faire disparaître ensuite les corps de leurs victimes; soit

(1) Voy. Rorhbacher, hist. de l'Egl., à l'année 1840, t. 28ᵉ, et tous les journaux de l'époque.

que l'innocence du premier âge chrétien excitât davantage leur fureur satanique ; toujours est-il qu'à cette époque, ils massacrèrent en divers pays un assez grand nombre d'enfants. Ce furent ces meurtres répétés, non moins que la cupidité et l'usure odieuse des juifs, qui excitèrent tant contre eux les populations du moyen-âge, et provoquèrent parfois de sanglantes représailles.

Dieu se plut à glorifier par des miracles un bon nombre de ces innocentes victimes de la fureur judaïque ; et les peuples s'empressaient de rendre un culte solennel à ces jeunes martyrs dont le ciel révélait la sainteté (1).

(1) On vénère : A Paris, S. Richard de Pontoise (1174) ; à Norwich en Angleterre, S. Guillaume (1144) ; à Londres, S. Robert (1181) ; à Berne en Suisse, S. Rodolphe (1287) ; à Trente dans le Tyrol, S. Simon (1475) ; à Cologne, S. Joannet (*Petit Jean*), 1400 ; à Tolède en Espagne, S. Christophe (5 septembre 1400) ; à Saragosse, S. Dominiquet (*Dominquito*), 31 avril 1250 ; à Ratisbonne, S. Henri (1345) ; à Innsprück, S. André ; en Pologne, S. Albert et S. Laurent de Marostica ; à Ravensburg, S. Louis ; à Lincoln, S. Hugues ; à Winchelcomb, S. Kenelm ; à Bergame. S. Novello ; en Portugal, S. Manços ; tous jeunes enfants, martyrisés par les juifs aux environs des fêtes de Pâques. Les Bollandistes rapportent les actes du martyre et les monuments du culte de tous ceux que nous venons de nommer. — Cf. *Acta SS. octobr., t. X, p. 502 et suiv.* — Les histoires locales mentionnent en outre les noms de beaucoup d'autres enfants chrétiens, mis à mort par les juifs en divers lieux. Ainsi, la *Vie des Saints de Bavière* rapporte en détail, avec de magnifiques gravures à l'appui, les martyrs suivants : en 1285, à Munich, un enfant anonyme ; en 1486, à Ratisbonne, six jeunes enfants ; en 1540, le B. Michel, enfant de quatre ans, fils du paysan Georges Bisenharter, de Sappenfeld, village près de Neuburg, dans le Palatinat. Le martyre du B. Michel offre les mêmes circonstances que celui de S. Wernher. « L'ayant attaché, dit l'auteur, à un petit

A Oberwésel, les juifs, avons-nous dit, avaient choisi pour leur victime notre jeune Vernier, qui entrait alors dans sa quinzième année. Pour en arriver plus sûrement à leurs fins, ils l'attirèrent de plus en plus chez eux sous prétexte de commissions ou de travaux de confiance.

La bonne femme chez laquelle il logeait, connaissant leur scélératesse, soupçonna quelque chose de leur dessein homicide. Pleine de sollicitude pour celui qu'elle aimait comme un fils, elle l'avertit à diverses reprises. « Verner, mon enfant, lui disait-elle, voici la fête de Pâques qui approche; garde-toi de ces méchants juifs; car bien sûr ils essayeront de te mettre à mort, comme ils en ont mis à mort tant d'autres. » Mais l'innocent enfant ne pouvant croire à la supposition d'une telle méchanceté, se contentait de répondre : « Il ne m'arrivera que ce qui plaira à Dieu. »

poteau, ils le tourmentèrent horriblement pendant trois jours entiers... » — *Heiliger Bayer-Land, du P. Math. Rader, S. J. in-fol. Augsbourg, 1715.* — Au mois d'avril 1878, les journaux rapportaient, sous la rubrique : *Affaire de Kutaïs,* le meurtre d'une petite fille chrétienne, commis par les juifs à Kutaïs en Russie. L'année suivante, dans son numéro du 13 avril 1879, l'*Univers* rapportait, d'après le *Wjedomostie Moscovaje,* journal de Moscou, qu'un juif de cette ville venait d'être arrêté comme coupable d'assassinat sur la personne d'un petit garçon chrétien. Dans le récit de ces deux derniers faits, on retrouve toutes les particularités barbares, observées dans les faits analogues du moyen-âge, c'est-à-dire tortures longues et atroces, blessures nombreuses sur toutes les parties du corps, extraction de tout le sang de la victime. — Voir aussi l'ouvrage de M Gougenot des Mousseaux : *Le Juif, le judaïsme et la judaïsation des peuples chrétiens.* Aux pièces justificatives, nous donnons quelques extraits de cet ouvrage.

CHAPITRE V

Saint Vernier communie pieusement le jour du Jeudi-Saint. — Son martyre. — Sa mort le 18 avril 1287.

L'anniversaire du grand jour où notre divin Sauveur, dans l'excès de son amour, institua l'adorable mystère eucharistique, le Jeudi-Saint, était en l'année 1287, le 3 avril.

Ce jour-là, Vernier, « vrai catholique, plein d'amour pour Jésus-Christ, fidèle observateur des saintes lois de Dieu et de l'Eglise, après s'être humblement confessé, reçut avec une très grande dévotion le corps du Seigneur dans la sainte communion (1). » Il alla ensuite à son travail; un des principaux juifs

(1) Ubi autem dominicæ Cœnæ dies adfuit, puer veré catholicus et Christo devotus, priùs confessus peccata sua, corporis Christi communionem, cum multâ animi devotione percepit. — *Surius*, p. 519. — Cf. *Autg. Legal.; Breviar. Trevir; Proces.* ap. Bolland.

l'avait attiré chez lui, sous le prétexte d'extraire de la terre d'une cave (1).

L'heure du crime avait sonné pour les juifs. A peine l'enfant sans défiance est-il dans cet endroit obscur et retiré, que plusieurs de ces mécréants qui étaient là en embuscade, se jettent sur lui. Pour étouffer ses cris, ils lui enfoncent de force dans la bouche une grosse boule de plomb; ils l'attachent ensuite à un poteau, la tête en bas. Ils savaient que Vernier venait de recevoir, peu d'instants auparavant, la sainte communion; et ils espéraient follement, en le suspendant ainsi, lui faire rendre l'hostie sainte qu'il avait reçue, afin de pouvoir exercer sur elle leurs profanations. Comme on peut bien le penser, ils furent trompés dans leur désir impie.

N'ayant pu, comme ils l'auraient désiré, outrager et immoler de nouveau le véritable corps du Christ caché sous les espèces eucharistiques, ils résolurent de s'en venger, par un redoublement de cruautés, sur son membre mystique, l'innocent Vernier. Il ne paraît pas cependant qu'ils aient commencé à le torturer autrement ce jour-là même. Craignant que quelqu'un ne vînt à s'inquiéter de la disparition du jeune homme et à le rechercher, redoutant les conséquences que pouvait leur attirer leur crime s'il venait à être découvert, ils se bornèrent pour le moment à

____

(1) Cum... de cellario cujusdam judæï cum cophino terram exportaret. — *Gesta Bœm. Archiep. Trevir.* MS. du xive siècle cité par D. Martène dans l'*Amplissima collectio*, t. IV, col. 346.

garder étroitement leur victime. Ainsi se passèrent pour notre cher saint les solennités pascales : dans une dure captivité, avec la perspective d'un cruel martyre (1).

Parmi les habitants d'Oberwésel, bien peu remarquèrent la disparition de Vernier. Celui-ci n'avait aucun parent dans la petite ville qu'il habitait depuis peu de temps ; et d'ailleurs, par suite de ses habitudes de retraite et de silence, bien peu de personnes le connaissaient. Seule, la bonne femme chez laquelle il logeait, ne le voyant pas revenir, conçut quelques soupçons. Elle alla aux informations ; mais les juifs surent adroitement calmer ses inquiétudes, en lui donnant à entendre que Vernier avait trouvé plus profitable d'aller chercher ailleurs du travail. Ne

______

(1) Quelques auteurs prétendent que le martyre du Saint, commencé le Jeudi-Saint, aurait été consommé le Vendredi-Saint, 19 avril. Une étude approfondie des documents, nous a démontré la vérité des faits, tels que nous les exposons. Tous les auteurs, en effet, affirment : 1° que le martyre (ou la captivité) du Saint commença le jour même du Jeudi-Saint ; 2° que le saint mourut le 18 ou le 19 avril 1287. Or il est hors de doute que, cette année-là, le Vendredi-Saint était le 4 avril. Le martyre n'a donc pas pu être consommé ce jour-là. La date du 18 ou du 19 avril est indiquée par les autorités les plus graves et les plus formelles. *Decimo tertio Kalendas maii...* *post longum martyrium crudeliter occiderunt : MS. de Nuys ap. D. Martene, t. IV, col. 576.* — Decimus quartus Kalendas maii erat qui hunc vernum florem vidit emorientem. *Brev. Trevir.* — Le 13 et 14 des calendes de mai correspondant aux 18 et 19 avril. — Cf Bolland, p. 696, F. et 697, A. B.

sachant comment s'y prendre pour connaître la vérité, étant seule d'ailleurs à se préoccuper, elle ne put que rentrer chez elle et prier Dieu pour son cher enfant d'adoption.

Deux semaines se passèrent. Les juifs voyant que le silence s'était fait autour d'eux, crurent qu'ils pouvaient en toute sécurité consommer leur crime.

Ce fut le jeudi, 17 avril, que commença la longue et cruelle agonie, la lutte suprême de saint Vernier. Ses bourreaux le flagellèrent d'abord inhumainement, au point de couvrir de meurtrissures et de plaies tout son corps innocent. Ils lui firent ensuite avec des couteaux et des ciseaux des incisions en diverses parties du corps, en ayant soin toutefois de ne pas lui faire de plaies qui fussent immédiatement mortelles, tant afin de pouvoir assouvir plus long-temps leur rage infernale, que dans le but de faire couler le plus abondamment possible le sang de leur victime (1).

(1) Les juifs employaient ensuite ce sang à des pratiques superstitieuses dans la célébration de leur Pâque. On a remarqué cette particularité dans les meurtres analogues commis par les ·juifs de nos jours. — « Le cadavre de la petite Sarah, disent les témoins dans l'affaire de Kutaïs, était complètement exsangue, mou et se *pliant comme de la ouate.* » V. *Univers,* 5 avril 18¯9. — Voir à ce sujet la citation de M. Gougenot des Mousseaux, aux pièces justificatives.

Nous étions précisément occupés à revoir notre travail, lorsque le 3 mars de la présente année 1889, les journaux nous apprennent qu'un juif de Breslau vient d'être poursuivi et condamné pour avoir extrait du sang à un jeune enfant chré-tien, sans cependant le mettre à mort.

Lorsqu'ils virent celui-ci bien affaibli par la perte de son sang, à peine capable de pousser quelques gémissements et d'articuler quelques faibles paroles, dans l'impossibilité par conséquent de se faire entendre du dehors, ils lui enlevèrent l'horrible bâillon qu'ils lui avaient maintenu sur la bouche. Ils espéraient arracher au jeune martyr quelque blasphême contre Jésus-Christ, par la promesse qu'ils lui faisaient de mettre un terme à ses terribles souffrances. Mais leur malice impie fut encore trompée; et ils n'entendirent sortir de la bouche du Saint que les noms bénis de Jésus et de Marie (1).

Or, le juif chez lequel s'accomplissait ce drame sanglant, avait à son service une jeune servante chrétienne. Celle-ci, entendant du bruit dans le caveau, vers lequel elle avait vu se diriger mystérieusement un certain nombre d'autres juifs, eut la curiosité d'aller observer secrètement ce qui pouvait bien se passer. Les meurtriers, tout entiers à l'accomplissement de leur crime, avaient négligé de faire garder extérieurement l'entrée, et la jeune fille put facilement par une fissure de la porte, observer tout ce qui se passait à l'intérieur. Elle vit donc de ses yeux le sacrifice inhumain qui s'accomplissait : Vernier attaché au poteau, la tête en bas; son corps tout déchiré; son sang qui coulait; et, tout autour, les juifs homicides se repaissant de l'agonie de leur

____

(1) Mitten in seinen fürchterlichen Schmerzen, unanfhörlich die Namen Jesus und Maria ansprach. *Légend. allem.*

victime. Elle entendit le jeune martyr appeler Jésus
et Marie à son secours, et invoquer incessamment
d'une voix plaintive leurs noms à jamais bénis.

Epouvantée, la jeune fille courut aussitôt informer
le magistrat de la ville des choses dont elle avait été
le témoin; elle lui indiqua le lieu où s'accomplissait
l'horrible drame. Le magistrat vint immédiatement;
l'histoire nous a conservé son nom; il s'appelait
Eberhard (1). Grande fut la stupéfaction des juifs
en le voyant apparaître; ils croyaient avoir pris toutes
leurs mesures pour n'être point découverts.

A la vue du magistrat. Vernier eut un moment
d'espérance humaine. Réunissant tout ce qui lui
restait de forces, il implora d'une voix affaiblie la
protection de celui qu'il pouvait regarder comme un
libérateur. « En même temps, dit la légende allemande, il le regardait avec un air si plein d'angoisses,
que même les rochers les plus durs en auraient été
attendris (2).

Mais les juifs, revenus de la surprise du premier
moment, entourent Eberhard; ils étalent un trésor à
ses yeux; et cet homme impie, possédé du démon de

(1) Parlant de ses fonctions, le texte latin l'appelle :
Scultetus; le texte allemand : *Schultheis*. L'un et l'autre terme
correspondent à notre mot français : *Maire*. Mais on sait qu'au
moyen-âge, les attributions des maires étaient plus étendues
que de nos jours.

(2) Wer war blickte den Orts-Vorsteher so flammehde an,
dass er auch die härtesten Felsen zum mitleid hätte bewegen
können. *Lég. all*

l'avarice, aveuglé par l'argent, abandonne cet innocent agneau à la fureur de ces tigres; il leur promet le secret le plus absolu sur tout ce dont il est le témoin. La jeune servante est appelée, et sous les plus terribles menaces, les juifs exigent d'elle la même promesse. Il fut moins difficile à cette enfant de promettre le silence, quand elle vit le magistrat, celui qu'elle devait regarder comme le défenseur des innocents et le vengeur des opprimés, s'engager lui-même au secret.

Voyant le magistrat s'éloigner, le jeune martyr comprit qu'il n'avait plus rien à attendre des créatures. — « Les hommes ne font rien pour moi, s'écria-t-il d'une voix merveilleusement puissante, que le Dieu très miséricordieux et sa bien aimée Mère me soient en aide (1)! » — Cette invocation adressée à Marie, mère de Dieu, en un pareil moment, n'était pas seulement le cri d'une âme dans l'angoisse. C'était, en présence des incroyants au pouvoir desquels Vernier se trouvait, une profession solennelle de sa foi. A la face des blasphémateurs de Jésus-Christ et de sa mère, à la face des négateurs obstinés du grand mystère de l'Incarnation, le généreux enfant affirmait ce mystère et le grand dogme de la maternité divine de Marie. Aussi les historiens lui décernent-ils, pour

(1) Subveniat mihi misericors Deus et dilecta mater ejus. *Antiq, lég.* Cf. Bolland., p. 627, F.

cet acte de foi intelligente et énergique, une louange spéciale et méritée (1).

Marie ainsi glorifiée ne délaissa pas son fidèle et aimant serviteur; elle lui obtint une telle abondance de secours célestes, qu'au milieu des tortures indicibles qu'endurait son corps délicat, l'âme du martyr surabondait de délices et tressaillait dans la joie du Seigneur (2).

Le supplice de cette innocente victime se prolongea pendant près de deux jours. Commencé le mercredi 16 avril, il se termina dans la soirée du surlendemain vendredi; le sabbat allait commencer, et les juifs qui ne se faisaient aucun scrupule d'immoler un innocent dans des supplices atroces, auraient cru commettre un crime irrémissible en le tourmentant au jour de leur repos légal.

Ainsi mourut saint Vernier, le vendredi 18 avril 1287 (3), dans la quinzième année de son âge, immolé par les juifs en haine de la foi de Jésus-Christ, fidèle à Dieu dans la mort comme il l'avait été dans la vie.

(1) In quo præcipuè judæorum percussit perfidiam, dum eis gloriosam Virginem matrem Dei dilectam innotesceret, et hoc mirabiliter cum exultationis voce. *Ibid.*

(2) Corpus quidem ejus amarissimè torquebatur, et spiritus ejus exultavit in Domino. *Id. loc. cit.*

(3) Nous suivons l'indication du bréviaire de Trèves, tout en reconnaissant qu'un grand nombre d'auteurs fixent la mort du saint au **19** avril. Il est certain que les juifs cessèrent de le tourmenter le **18** au soir; mais l'on pourrait admettre que son agonie se prolongea jusqu'au lendemain **19**.

Les vers suivants, recueillis dans des manuscrits antiques, précisent l'année de la mort du Saint, et font allusion à l'invention miraculeuse de son corps.

Anno millesimo centum bis et octogeno
Septeno, Christo nobis de Virgine nato,
Est puer occisus Weruherus, posteà visus.

CHAPITRE VI.

**Les juifs essayent de cacher le corps de saint
Vernier. — Ce saint corps est miraculeusement
découvert.**

Dans la journée du samedi 19 avril, les juifs,
scrupuleux observateurs de la loi du sabbat, se
contentèrent de garder caché le corps de leur victime.
La nuit étant arrivée, et le sabbat étant passé pour
eux, ils prirent ce saint corps, et le portèrent à la
faveur des ténèbres, sur une barque qui les attendait
aux bords du Rhin. Leur intention était de remonter
le fleuve pendant la nuit jusque près de Mayence, et
de jeter ensuite le corps dans quelque endroit écarté.

Mais la divine Providence déjoua tous leurs projets.
Elle rendit inutile la vigueur de leurs bras, en
augmentant la force de résistance des vagues. Bien
qu'ils eussent péniblement ramé toute la nuit, ils
n'avaient franchi aux premières clartés de l'aurore,
que trois-quarts de lieue, et se trouvaient en vue de
Bacharach. Le jour allait paraître; il s'agissait pour

eux de faire disparaître au plus vite le corps accusateur de leur victime. Ils le jetèrent dans le fleuve, pensant que le courant l'entraînerait dans quelque gouffre. Mais, par la permission divine, ce saint corps flottait doucement, lentement sur les ondes rapides. A diverses reprises les juifs essayèrent de le lancer à des endroits où le courant était plus impétueux; le même phénomène se reproduisit toujours.

Cependant le soleil se levait; le grand jour allait éclairer cette scène; que faire? Abordant au rivage, un peu au-dessus de Bacharach, les juifs traînèrent en toute hâte le saint corps dans une vallée étroite et déserte, appelée Windsbach, ou encore Furstenthal *(vallée du Prince)*, toute couverte d'épines et d'épais buissons. Ils le jetèrent au lieu le moins accessible de cette vallée, dans un étroit ravin qu'ils comblèrent avec des pierres et des broussailles. Retournant ensuite à leur barque, ils regagnèrent au plus vite Oberwésel, croyant avoir caché leur crime à tous les regards. En effet, la journée se passa sans que rien vînt leur donner lieu de craindre.

Mais il est écrit que *Dieu garde les os de ses saints.* Dieu veillait sur le corps inanimé de son martyr; il se disposait à le glorifier magnifiquement et à punir la scélératesse de ses meurtriers. Ce jour-là même, qui était le deuxième dimanche après Pâques, la sainte Eglise rappelait aux fidèles ces paroles du divin Maître : *Je suis le bon Pasteur... et je connais mes agneaux... et je leur donne la vie éternelle et personne ne les ravira à ma puissance* (1). Du haut du ciel, le bon Pasteur veillait avec amour sur ce doux agneau de son troupeau fidèle, cruellement mis à mort par des impies. En même temps qu'il ouvrait à son âme victorieuse les portes du bercail éternel, il envoyait ses anges environner d'honneur ses restes meurtris, pour que l'Eglise vînt les relever et les placer sur les autels.

La soirée étant arrivée, une de ces belles soirées tièdes et embaumées du printemps ; soudain, la vallée solitaire de Windsbach apparut resplendissante de clartés célestes. Une traînée lumineuse, partant des bords du fleuve, s'étendait jusqu'au plus profond du ravin ; elle rayonnait plus éclatante sur le lieu même où était caché le corps du martyr. Cette traînée lumineuse, ces clartés furent aperçues d'abord par les gardes du château de Furstemberg, situé tout proche de là ; puis par quelques promeneurs attardés. Les uns et les autres donnèrent l'éveil ; en un moment toute la ville de Bacharach fut sur pied.

La population accourut pour contempler le prodige et en découvrir la cause. Comme elle approchait de l'endroit où était caché le saint corps, un parfum suave et tout divin s'en exhalait, qui ravissait les cœurs et encourageait à hâter les recherches. Les décombres et les broussailles qui le recouvraiet furent

____

(1) Ego sum pastor bonus ; et cognosco oves meas... Et ego vitam æternam do eis, et non rapiet eas quisquam de manu meâ. *Joan.* X, 14, 28.

bientôt écartées, et le corps du martyr apparut, tout déchiré, tout sanglant, mais exhalant un parfum de paradis. Immédiatement les gardes, suivis d'une foule nombreuse, le portèrent à la Maison-de-Ville de Bacharach. Tous ceux qui avaient pris part aux recherches et à la découverte de ce saint corps racontaient hautement comment une clarté miraculeuse et un parfum qui n'avaient rien de la terre le leur avaient fait découvrir (1).

Toute la ville était en mouvement. Il était évident qu'un crime avait été commis; il était non moins évident que Dieu en glorifiait magnifiquement la victime. Mais, quel nom donner à cette victime? Quels étaient les meurtriers? A quelle occasion et dans quelles circonstances le meurtre avait-il été commis?

La vérité ne tarda guère à être connue. Bacharach, où le saint corps venait d'être retrouvé, est situé, avons-nous dit, à quelques kilomètres seulement en amont d'Oberwésel où le crime avait été commis. La nouvelle que le corps ensanglanté d'un tout jeune homme avait été trouvé sur le territoire de Bacharach, parvint bien vite à Oberwésel et circula en un instant de bouche en bouche. La bonne femme, hôtesse du jeune Vernier, et dont les inquiétudes maternelles n'avaient cessé de grandir, jeta aussitôt l'alarme. A sa suite, ses voisins coururent à Bacharach, et tous reconnurent le corps du saint enfant. La servante du

____

(1) *Surius. Acta SS.* — et tous les auteurs.

juif, que les menaces et la crainte avaient jusqu'alors empêchée de parler, voyant le ciel manifestement intervenir, se sentant d'ailleurs protégée par l'opinion publique vivement surexcitée, n'hésita pas à publier tout ce dont elle avait été le témoin.

Immédiatement le magistrat prévaricateur et les juifs homicides furent saisis, entraînés et convaincus en présence du corps de leur victime. Dans le premier moment de l'effervescence populaire, plus de quarante juifs furent mis à mort par la foule indignée.

Le malheureux Eberhard ne fut point mis à mort. Dépouillé de ses biens injustement acquis, honni et maudit de ses concitoyens il dut quitter le pays; comme Caïn, il emporta par le monde le poids de sa honte et de ses remords. Quelque temps après, le bruit se répandit qu'il était mort misérablement; mais personne ne sut jamais en quel lieu gisait sa triste dépouille (1).

(1) Ille scultetus Eberhardus ex tunc evanuit infra modicum tempus, quod nunquam scitum fuerit de ossibus ejus et carne. — *Procès de 1428, déposition de Jean Crebisz,* Cf. Bolland, n° 719. F. — La *Chronique de Colmar,* citée par l'historien Fleury, dit qu'à la suite des faits rapportés ci-dessus, les juifs de la contrée s'adressèrent à l'empereur Rodolphe et en obtinrent un décret impérial ordonnant à l'archevêque de Mayence de publier que Werner, bien loin d'être martyr, avait été un vagabond qui ne méritait aucun des honneurs que lui rendaient les peuples; qu'en conséquence, son corps devait être brûlé et ses cendres jetées au vent. La *Chronique* ajoute que le décret fut effectivement publié, et que plus de cinq cents juifs en armes entouraient la foule qui assistait à cette

CHAPITRE VII.

Le corps de saint Vernier est conservé sans corruption. — Miracle insigne. — Des prodiges désignent le lieu de la sépulture du S. martyr.

La dépouille du saint martyr demeura exposée à l'Hôtel-de-Ville de Bacharach pendant dix jours, depuis le dimanche soir 20 avril, jusqu'au mercredi 30 avril, pendant que se continuait l'enquête tendant à bien constater son identité et à bien établir la culpabilité des meurtriers. Pendant tout ce temps-là, aucun indice de décomposition ne se manifesta dans ce saint corps; une clarté céleste rayonnait autour de lui, principalement pendant la nuit; un parfum suave

publication, prêts à mettre en pièces quiconque eut osé élever la voix pour protester contre cette injure faite au Saint. Les particularités rapportées par la *seule Chronique* ne présentent rien d'impossible ; elles sont cependant révoquées en doute par les historiens allemands. Dans tous les cas, elles ne changent rien à la vérité de l'histoire ; et elles « n'empêchèrent pas, dit D. Calmet, que l'on ne continuât à rendre à Vernier un culte public. » *Hist. de Lorraine,* t. 2, Col. 373.

s'en exhalait qui attirait et ravissait la multitude des fidèles. Ceux-ci commençaient à invoquer l'aimable et innocent Vernier, comme un martyr, comme un saint.

Alors se produisit un fait miraculeux, rapporté par tous les anciens historiens du Saint; nous ne devons pas le passer sous silence.

Pendant que les multitudes ravies s'empressaient autour du corps embaumé du jeune martyr, une mendiante, coureuse de grands chemins, crut l'occasion favorable pour elle d'exploiter la compassion publique. Versant des larmes hypocrites, jetant de grands cris, s'arrachant les cheveux, elle se donna comme étant la mère du serviteur de Dieu Inconnueà Bacharach, elle réussit à tromper pendant un peu de temps la charité; et de nombreuses pièces de monnaie tombèrent dans son escarcelle.

Mais, sur ces entrefaites, arriva la véritable mère de saint Vernier; la rumeur publique lui avait enfin apporté, dans son village de Wammeraʰt, la nouvelle de la mort de son enfant. Elle accourait, non pour exploiter la charité compatissante des bonnes âmes, mais pour pleurer et prier sur les restes de son fils, si tendrement aimé et si digne de l'être. Quelles ne furent pas sa surprise et son indignation, quand elle entendit la mendiante usurper son titre de mère; quand elle vit la foule se presser autour de cette femme, avec une sorte de respect ! D'une voix indignée, elle affirma et réclama ses droits, et reprocha à la mendiante son audacieux mensonge. Celle-ci le

soutint avec effronterie ; et la foule, ne connaissant
ni l'une ni l'autre de ces deux femmes, ne savait à
laquelle croire. Dans le paroxysme de son indignation
maternelle, la mère de Vernier se retourne vers la
mendiante. — « Tu oses te prétendre encore la mère
de mon enfant, lui dit-elle, viens, allons près de lui ;
il n'est pas possible que lui qui aimait tant sa mère,
ne la reconnaisse pas aux yeux de tous. » Et, entraî-
nant la mendiante, elle se précipite dans la salle au
milieu de laquelle était exposé, environné de lumière,
le corps du saint martyr. La foule suivait, anxieuse,
et se demandant ce qui allait se passer. Comme les
deux femmes approchaient de l'estrade, voici qu'à la
vue de tous, le bras droit du corps inanimé de Vernier
se soulève doucement, et son doigt se dirige vers sa
vraie mère et la désigne. Plus de doute ; un cri
d'enthousiasme s'échappa de toutes les poitrines ; la
mendiante s'enfuit honteuse et éperdue ; et tous
s'empressent avec une respectueuse sympathie autour
de la mère du jeune martyr. Nous lisons le récit
détaillé de ce fait miraculeux dans les actes du procès
de 1428, où plusieurs témoins l'affirmèrent comme
étant de notoriété publique. Pour en perpétuer le
souvenir, la main droite du saint avait été détachée
de son corps, lors de la première translation, en 1293,
et placée à part dans un reliquaire d'argent (1).

______

(1) Duæ mulieres oraverunt S. Wernherum ut indicaret
quæ mater esset : qui tunc extenderit manum suam matri...
Nempe celebritas novi martyris alteram illarum induxerit ut

Une fois l'identité du saint corps bien établie, on dut songer à lui donner une sépulture honorable. Alors une sainte contestation s'éleva entre les gens de Bacharach et ceux d'Oberwésel. — « C'est sur notre territoire, disaient les premiers, qu'il a été providentiellement amené, miraculeusement retrouvé, et glorifié tout d'abord par des prodiges; c'est donc parmi nous qu'il doit rester. » — « Vernier, disaient les seconds, habitait notre ville avant sa mort; il était devenu comme notre concitoyen d'adoption; c'est chez nous qu'il a souffert le martyre; notre sol a été rougi de son sang; nous avons sur lui des droits sacrés. »

La contestation se prolongeait et les esprits commençaient à s'échauffer, lorsqu'un des assistants proposa, selon les mœurs de l'époque, d'en appeler à une sorte de *jugement de Dieu;* tous acquiescèrent à cette proposition. Le saint corps fut déposé seul dans une petite barque qui fut ensuite remorquée jusqu'au milieu du Rhin, dont le courant est très rapide en cet endroit. Là, les cordages qui la retenait furent détachés et la barque fut abandonnée au gré des flots impétueux; la foule, massée sur le rivage, observait attentivement. Et voici qu'au lieu d'être entraînée par le courant, la barque revint d'elle-même, en

ejus se matrem diceret, cujus intuitu copiosa tolerandæ paupertatis subsidia sperare poterat; contrà certante quæ verè mater erat. Fortassis etiam hæc causa fuit cur manus dextera fuerit seorsim à corpore argento ornata... *Acta SS.*, p. 720, C. D.

droite ligne, au rivage de Bacharach. La volonté divine se manifestait; les gens d'Oberwésel firent taire leurs regrets et abandonnèrent la précieuse dépouille du martyr à leurs heureux rivaux de Bacharach. Les témoins du procès de 1428 affirmèrent avoir appris ce fait de ceux qui en avaient été les témoins oculaires; « sans que jamais, depuis cent-quarante ans, personne eût jamais émis un doute sur sa vérité » (1).

Enthousiasmés par cette première manifestation de la volonté divine, les gens de Bacharach voulurent la consulter encore sur l'endroit précis où devait reposer le saint corps. Un char attelé de bœufs fut conduit au rivage; on y déposa le corps du martyr; et les bœufs furent laissés à leur seul instinct; la multitude, silencieuse et attentive, suivait et observait. Immédiatement les bœufs, prenant une bonne allure, quittèrent le rivage. Sans s'arrêter, sans paraître hésiter, évitant d'eux-mêmes les mauvais pas, ils gravirent la colline contre laquelle s'appuie Bacharach et se dirigèrent vers un petit oratoire situé sur une esplanade, à mi-côte, et dédié à S. André, apôtre, et à S. Cunibert, archevêque de Cologne.

Arrivés devant l'oratoire, les bœufs s'arrêtèrent d'eux-mêmes, on les excita alors de la voix, on leur fit sentir l'aiguillon; ils s'agitèrent, regimbèrent,

____

(1) V. en particulier les dépositions du témoin 18e, Jean Biene, de Bacharach, âgé de cent ans; et celle du témoin 43e, Nicolas Smidt, de Steeg. *Acta SS.*, p. 720, A, B, C.

mais n'avancèrent point; et, pour mieux témoigner
de leur disposition à ne pas aller plus loin, ils se
couchèrent tranquillement sur le sol. La multitude
vit dans tous ces faits une nouvelle manifestation de
la volonté divine; et il fut décidé que le corps du
martyr serait déposé dans la chapelle de Saint-
Cunibert (1).

(1) Act. SS., p. 720, 27, B. — S., Cunibert, appelé aussi
Clunibert et Hunebert, évêque de Cologne (623-663), honoré
en Allemagne le 12 novembre, jour de sa mort.

CHAPITRE VIII.

**Saint Vernier honoré par les peuples. — Miracles
à son tombeau. — Fondation d'une église en
son honneur. — Un monastère est fondé au lieu
de Vindsbach, où son corps avait été découvert.
— Concession d'indulgences.**

Après tous les prodiges que nous venons de
mentionner, le corps du martyr ne pouvait être
déposé dans la chapelle de saint Cunibert comme
un cadavre vulgaire. Ce saint corps fut donc enve-
loppé de précieuses étoffes de pourpre, pour rappeler
l'effusion de son sang. Sa tête fut couronnée d'un
diadème en étoffe d'or brodée de perles, pour honorer
ses vertus insignes. Mais un hommage particulier
devait être rendu à l'innocence de ses mœurs. Vernier
n'était plus un petit enfant. Agé de quinze ans, il
était dans toute la fleur de son adolescence; mais
tous les assistants étaient si convaincus de sa pureté
virginale et de l'intégrité de ses sens, qu'ils voulurent
faire reposer sa tête sur un amas de violettes

embaumées, ainsi que l'Eglise veut qu'on le fasse aux petits innocents, morts avant l'âge de raison (1).

Le parfum suave de ces fleurs de la saison était, en outre, une allusion directe au parfum céleste respiré par tous ceux qui avaient trouvé le saint corps.

Parmi ces fleurs, immédiatement sous la tête de Vernier, fut placé l'instrument le plus ordinaire des travaux de son enfance, l'indice de sa profession ordinaire : *la serpette du vigneron* (2).

Ainsi orné, et muni de tous les signes pouvant établir plus tard son identité, ce saint corps fut déposé dans une châsse en bois de cèdre, insérée dans une autre châsse en chêne sculpté, l'une et l'autre bien munies de serrures et de tiges de fer, afin de prévenir toute tentative contre le pieux dépôt. La châsse ne fut point enfouie dans la terre, mais honorablement déposée en un lieu apparent de la chapelle, à la hauteur environ d'un palme au-dessus du sol; ce qui, en ces temps-là, était un indice de culte et de canonisation équivalente (3).

C'est le mercredi 30 avril, veille de la fête des apôtres saint Jacques et saint Philippe, que le corps

(1) Cum igitur infans, vel puer baptizatus, defunctus fuerit ante usum rationis... imponitur ei corona de floribus, seu de herbis aromaticis et odoriferis, in signum integritatis carnis et virginitatis. — *Ritual. Rom. ordo sepeliendi parvulos.*

(2) ... De subtus putatorium, pristini laboris sui instrumentum. Act. SS., p. 699, B.

(3) Fuit quoque Sanctorum more suprà terram ad palmam in tumbâ quercinâ venerabiliter inclusus. *Id.* C.

de saint Vernier fut déposé avec honneur dans la chapelle de saint Cunibert. Dès ce jour-là même, les peuples commencèrent à affluer vers son tombeau, et on vit s'y opérer des miracles sans nombre. Dans les cinq premières semaines qui suivirent la déposition du saint corps, du 30 avril au 3 juin 1287, on compte quatre-vingt-dix guérisons miraculeuses, obtenues près de cette tombe vénérable. La nomenclature détaillée de ces prodiges, avec les noms des personnes qui en avaient été l'objet, et l'indication de leur domicile, demeura en évidence à côté du tombeau.

Nous remarquons qu'un grand nombre de ces premiers miracles furent opérés sur de jeunes enfants. Dieu voulait ainsi, par les transports de la reconnaissance maternelle, attacher plus fortement les familles, ainsi que les générations futures, au tombeau de son fidèle serviteur. Il voulait aussi, en faisant éclater la puissante intervention de saint Vernier en faveur de ces êtres innocents, rendre un témoignage spécial à l'innocence virginale du jeune martyr.

Ce grand nombre de miracles attira des multitudes de plus en plus nombreuses au tombeau du Saint ; et bientôt la petite chapelle de saint Cunibert fut manifestement trop étroite pour contenir les fidèles qui s'y pressaient. Les offrandes abondaient. Dès l'année 1288, la modeste chapelle fut jetée à bas, et on posa les fondements de l'église symbolique destinée à abriter avec plus d'honneur les restes du serviteur de

Dieu. Nous donnerons plus loin la description de ce beau monument.

Après avoir prié devant la châsse qui renfermait le corps du martyr, les fidèles allaient par dévotion dans la vallée de Windsbach, où ce saint corps avait été si miraculeusement retrouvé. Pour satisfaire tout à la fois, et la piété des peuples, et sa propre piété envers le saint martyr, le Comte palatin, Louis II, surnommé le *Sévère*, fit élever en ce lieu une église; et, tout auprès, pour la desservir, un monastère de chanoines réguliers Guillielmites, ou de saint Guillaume. Il dota ce monastère, et sa fondation fut approuvée en 1290, par une bulle du pape Nicolas IV. Dès son origine, le monastère de Windsbach fut appelé par les fidèles : *la maison de saint Werner*. Aujourd'hui il n'y a plus que des ruines dans la vallée ; les révolutions et les guerres ont renversé la fondation du Comte palatin; le peuple cependant désigne ces ruines sous le nom de *vieux couvent* (*das alte Kloster*).

En même temps que ces diverses fondations se faisaient à Bacharach, les gens d'Oberwésel, pour se dédommager de la privation du corps du Saint, environnaient d'honneur tout ce qui parmi eux rappelait son martyre. De la maison du juif homicide, ils firent un hospice sous le vocable du Saint-Esprit. Une chapelle s'éleva sur l'emplacement du caveau qui avait été le théâtre des souffrances et de la mort du jeune martyr. Dans le sanctuaire de cette chapelle, en une armoire grillée, on plaça comme une relique, le couteau qui avait servi à torturer le Saint. Tout auprès, fut déposé le poteau auquel il avait été attaché.

Dans le principe, on n'avait songé à prendre aucune précaution pour préserver de la destruction ce précieux monument. Aussi, dépecé chaque jour par les mains indiscrètes des pèlerins, ce bienheureux poteau menaça de disparaître en peu de temps. Les magistrats portèrent alors une défense expresse d'en détacher la moindre parcelle; mais leur prohibition s'étant trouvée inefficace, ils durent faire entourer d'une forte grille en fer ce qui restait de ce bois sanctifié. Dès cette même époque, la population d'Oberwésel s'imposa de venir processionnellement tous les ans au tombeau de saint Vernier, aux jours des Rogations. A cette procession, la plupart des assistants tenaient à la main des croix de bois, pour honorer d'avantage, en le rappelant, le martyre du Saint. Cette pieuse pratique fut observée fidèlement jusqu'à l'invasion du protestantisme, c'est-à-dire pendant près de trois siècles.

Le culte de saint Vernier s'établissait ainsi rapidement, avec un caractère vraiment remarquable de popularité; un grand nombre d'enfants recevaient au baptême le nom du jeune martyr. L'autorité ecclésiastique de Bacharach songea alors à s'adresser avec l'approbation de l'autorité archiépiscopale de Trèves, au centre de la catholicité, au Saint-Siége, pour faire sanctionner par le pouvoir suprême le culte si spontané que les populations rendaient au jeune martyr.

Dès cette époque, il y avait à Rome une Congrégation d'Evêques chargés d'examiner les pieuses demandes des fidèles, relatives aux cultes des Saints. Ces Evêques, au nombre de douze, par une lettre collective, accédèrent favorablement à la demande qui leur était adressée. Leur lettre avait pour titre : *Indulgences accordées à la chapelle de saint Cunibert, dans laquelle repose le corps de saint Werner, à Bacharach.* Les douze Evêques accordent chacun quarante jours d'indulgence : 1° à tous ceux qui fourniront ladite chapelle de cierges et d'ornements; 2° à tous ceux qui, pendant leur vie, concourront à l'achèvement de ladite chapelle; 3° à ceux qui, à l'article de la mort, lègueront quelque chose pour son achèvement et son entretien; 4° à tous ceux qui prieront dans ladite chapelle aux jours désignés (1). La lettre est datée *de Rome, le jour des Ides* (13) *d'avril 1289, la deuxième année du pontificat de Nicolas IV* (2). Rome reconnaissait ainsi implici-

(1) Ces jours étaient : Les solennités de la Nativité, Epiphanie, Résurrection, Ascension de N.-S.; Pentecôte ; les deux fêtes de la Croix; toutes les fêtes de la T.-Ste-Vierge, de S. Jean-Baptiste, de chacun des douze Apôtres, des SS. Martyrs Etienne et Laurent, des SS. Pontifes Nicolas et Martin, des Saintes Vierges Catherine, Marguerite et Agnès, de sainte Marie-Madeleine; le jour de la Dédicace et pendant les octaves des fêtes désignées.

(2) La lettre des *douze Evêques* existait en original lors du procès de 1428; elle fut reconnue authentique et enregistrée dans les actes. Voici les noms des douze évêques : Petrus, Arborensis (*d'Oristagno, en Sardaigne*); Joannes Mockytensis,

tement le culte de saint Vernier, deux ans à peine après son martyre.

Cette concession d'indulgences fut reconnue authentique et publiée par l'archevêque de Trèves, Boëmond de Warnesberg, qui y ajouta, de son chef, autres quarante jours d'indulgences. La lettre de ce prélat est datée de *Montabaur, au diocèse de Trèves, le quatrième des Kalendes d'octobre* (25 septembre), *l'an du Seigneur 1289* (1).

Theoctistus Adrazonolensis, Dei gratia, Archiepiscopi ; — Bonifacius Parentinus (*de Parenzo en Istrie*), Conradus Tullensis (*de Toul*), Peronus Larmensis, Maurus Ameliensis (*d'Amélia en Italie*), Gulielmus Calliensis, Waldebrunus Avellinensis (*d'Avellino*), Bomanus Croïensis (*de Croja en Albanie*), Philippus Fesulanus (*de Fiesoli*) ce dernier de l'Ordre des FF. Mineurs, Henricus Tridentinus (*de Trente*), eadem gratiâ Episcopi. Cf. Acta SS., p. 714,C.

(1) Ap. Bolland. loc. cit.

CHAPITRE IX

**Inauguration de l'église construite sur le tombeau
de saint Vernier. — Pillage du trésor et punition
des voleurs. — L'archevêque de Trèves approuve
solennellement le culte du Saint. — Gracieuses
images du Saint.**

Les fondements de l'église de saint Vernier avaient
été posés en 1288, l'année qui avait suivi sa mort.
Tout d'abord on s'attacha à construire l'abside
latérale, destinée à abriter le corps du Saint; en
moins de cinq ans elle fut terminée; et, au mois
d'août 1293, un Evêque fut appelé pour en consacrer
l'autel.

Le consécrateur fut l'évêque Hermann, précédemment évêque de Kœnigsberg, et alors auxiliaire
de Sifroi de Westerbourg, archevêque de Cologne.
En sa présence, la châsse du Saint fut ouverte; le
saint corps fut trouvé dans toute son intégrité, sans
corruption, tel absolument que le dépeignaient les

procès-verbaux de la sépulture en 1287. Avec la permission du prélat, ce corps vénérable fut exposé à découvert pendant plusieurs jours à la vénération des fidèles; puis, avant qu'il fût renfermé de nouveau la main droite en fut religieusement détachée, cette main qui avait miraculeusement indiqué la mère du Saint. Pour la consolation des fidèles, cette main fut placée à part dans un beau reliquaire d'argent qu'une chaîne de fer rattachait à la châsse principale. La châsse elle-même fut placée en évidence près de l'autel, du côté de l'évangile (1).

L'Evêque consacra ensuite l'autel; mais n'osant encore prendre sur lui de le dédier à saint Vernier, dont le martyre était si récent, il le dédia aux deux titulaires de l'ancienne chapelle : saint André, apôtre, et saint Cunibert, archevêque de Cologne. En même temps, pour la consolation des fidèles, il accorda des indulgences à la nouvelle chapelle par la lettre suivante :

« Hermann, autrefois évêque de Kœnigsberg, vicaire-général *in spiritualibus* du vénérable père en Dieu, Sifroi, archevêque de Cologne..., à tous les fidèles vraiment pénitents et confessés, qui prieront dans la chapelle de saint Cunibert à Bacharach, dans laquelle repose *le corps du bon Werner*, ou qui favoriseront de leurs aumônes ladite chapelle dont nous avons consacré l'autel, avec la permission

____

(1) A cette époque, l'*ostension* solennelle des reliques et l'*élévation* du tombeau, étaient des signes de canonisation équivalente et d'autorisation du culte.

du vénérable archevêque de Trèves... Nous accordons quarante jours d'indulgences, en la forme ordinaire... Donné à Bacharach, l'an du Seigneur 1293, la veille de la fête de saint Barthélemy, apôtre. » (*Cf. acta SS., p. 715, B.*)

Trente ans plus tard, Pierre Aichspalter, archevêque de Mayence, par lettres datées « d'Aschaffenburg, le 5 des Ides (11) de mars 1320 », attacha aussi quarante jours d'indulgences, aux mêmes conditions, à la chapelle de saint Cunibert, dans laquelle repose *le corps du bienheureux Werner*, » (*Id. p. 714, F.*)

Toutes ces diverses concessions d'indulgences furent de nouveau approuvées et publiées avec une grande solennité, en 1324, par Baudoin de Luxembourg, archevêque de Trèves, à l'occasion du fait que nous allons rapporter.

Les offrandes considérables déposées dans la chapelle de saint Vernier, pour l'entier achèvement de cet édifice, tentèrent la cupidité. Aveuglés par la soif de l'or, des malfaiteurs s'introduisirent nuitamment dans la chapelle solitaire. Ils firent mainbasse sur le trésor; puis ils transportèrent en toute hâte leur larcin sacrilège sur une barque qui les attendait au bord du Rhin. Mais ils avaient compté sans la vengeance divine. A peine essayaient-ils de gagner le large, qu'un effroyable coup de vent renversa leur frêle esquif, et ils furent précipités et noyés dans le fleuve, en vue de la chapelle qu'ils venaient de dépouiller. Avec eux était un pauvre pélerin de saint Vernier. Errant seul au bord du fleuve au moment où les voleurs allaient s'embarquer, et ignorant le crime que ceux-ci venaient de commettre, il les avait priés, par charité, de le passer sur l'autre rive. Ceux-ci, probablement pour éloigner tout soupçon, l'avaient admis avec eux. Pendant qu'ils périssaient misérablement dans les eaux profondes, le pélerin se trouva providentiellement déposé sain et sauf sur le rivage. Le fait eut lieu en 1325.

La croyance populaire attribua spécialement à l'indignation de la mère de Dieu la punition des voleurs. A l'appui de cette croyance, on montrait autrefois sur la façade de l'église de saint Vernier une statue en pierre, représentant la Vierge, la tête tournée vers le Rhin avec un air de majesté indignée et menaçante. — « Auparavant, dit la légende, cette statue avait la tête doucement inclinée vers le divin enfant qu'elle portait entre ses bras et paraissait considérer avec amour. Mais au moment où, du haut du ciel, Marie appelait la vengeance divine sur les spoliateurs sacriléges de la chapelle de son serviteur bien-aimé, sa statue se redressa et se tourna vers le fleuve, comme pour lui commander de les engloutir (1). »

Ce qu'il y eut de particulièrement fâcheux en ce fait, c'est que les voleurs étaient de la maison et de la suite de l'archevêque de Trèves, Baudoin de Luxembourg. La malignité publique, exploitant

(1) Cf. Acta SS., p. 720, 30, E.

cette circonstance, voulut faire rejaillir sur le prélat lui-même tout l'odieux du forfait ; c'était par ses ordres, disait-on, que les spoliateurs avaient agi.

Pour imposer silence à la détractation, et montrer combien il était éloigné de tout ce qui aurait pu amoindrir le culte naissant de saint Vernier, l'archevêque approuva de nouveau ce culte, de la façon la plus solennelle. Il publia de nouveau, en les confirmant, toutes les indulgences accordées successivement par les *douze Evêques*, en 1289 ; par son prédécesseur Boëmond de Warnesberg, la même année ; par l'évêque Hermann, en 1290 ; par l'archevêque de Mayence, Pierre Aichspalter, en 1329. Les lettres de l'archevêque Baudoin furent données à Trèves, en 1324, la huitième année du pontificat de Jean XXII.

Cet acte solennel de Baudoin n'eut pas pour lui, personnellement, les résultats favorables qu'il était en droit d'en attendre, tant sont profondes les impressions produites par la détractation ! Bien des gens demeurèrent persuadés, malgré tout, que le prélat avait inspiré la spoliation ; et après plus d'un siècle écoulé, les gens de Bacharach, montrant aux étrangers l'église inachevée de saint Vernier, accusaient la mémoire de l'archevêque Baudoin de cet état de choses. En revanche, l'attitude et les actes du prélat, pendant les trente-sept années de son épiscopat, donnèrent une impulsion merveilleuse au culte de notre Saint. Un service religieux quotidien fut établi dans la chapelle où reposait son corps ; plusieurs messes y étaient célébrées chaque jour. Pour ne point séparer du culte qui lui était rendu, le culte de Marie dont la protection maternelle lui avait obtenu le courage du martyre, et dont la puissance s'était appesantie sur les spoliateurs de sa chapelle, il fut décidé qu'une messe en l'honneur de la bienheureuse Vierge serait chantée tous les matins, à l'aube du jour, près du tombeau du jeune martyr (1).

A dater de cette époque, on commença à placer dans les églises l'image de saint Vernier, la tête environnée de *l'auréole*, attribut caractéristique de la sainteté ; on lui mit à la main les insignes de la virginité et du martyre. La même image, avec les mêmes attributs fut introduite dans certains livres d'église. Un vieux manuscrit, conservé aux archives de Trèves, nous montre au frontispice saint Vernier entre saint André et saint Cunibert (2). L'image est gracieuse, pleine de goût. Elle représente le Saint, vêtu d'une courte tunique de pourpre retenue par une ceinture brodée ; la tête, environnée de l'auréole, est ornée d'une couronne enrichie de perles. De la main droite il tient le couteau, instrument de son martyre et la palme du triomphe. Sa main gauche inclinée tient la serpette du vigneron, rattachée à un manche assez long, et repose sur un objet dans lequel on peut

____

(1) Omni die una missa cum notâ summo mane celebratur de Christifera beatissimâ. — Dép. de Winand de Steeg. Cf. Bolland., p. 730.

(2) S. Wernheri antiqua historia, pindarice, heroyce prosayce et musice composita. — MS. de la Bibl. de Trèves.

voir soit une hotte, soit l'auge à l'aide de laquelle les maçons transportent le mortier et que l'on appelle vulgairement l'*oiseau*. Cet objet est destiné sans doute à rappeler que le martyre du Saint commença alors qu'il était occupé à transporter de la terre pour le compte du juif.

Dans le milieu du manuscrit est l'office de saint Vernier, noté en plain-chant. Cet office est *propre* en entier, et rythmé selon le goût de l'époque. L'*Introït* de la messe est emprunté à celle que l'on dit pour un martyr dans le temps pascal : *Protexisti*. Dans le milieu de la grande initiale P, le saint est représenté assis, la tête toujours environnée de l'auréole. Sa main droite, appuyée sur le genou, tient encore la palme et le couteau. Sa gauche élève la serpette dont le fer est très large et presque trian-gulaire. La hotte cette fois est placée à droite, sur un fond de verdure environné de rochers. L'artiste a voulu probablement rappeler par ce détail soit la rive du Rhin, soit la vallée de Windsbach, où le corps du Saint fut retrouvé. (*V. pièces justificat. II.*)

L'office propre que nous venons de mentionner avait été composé dès les premières années qui suivirent la mort du Saint ; et quelques églises, usant des priviléges liturgiques de l'époque, s'étaient empressées de l'adopter. Les fidèles aussi le récitaient par dévotion. L'imprimerie n'étant pas alors connue, les écoliers pauvres se procuraient des ressources en multipliant les copies de cette office que tout le monde voulait avoir. Ils allaient aussi le chanter de bourgade en bourgade, à la grande satisfaction des bonnes âmes qui leur faisaient ensuite la charité pour l'amour du *bon saint Vernier*. Pendant plus de deux siècles, cet office, chanté ou copié, fut la principale ressource des étudiants pauvres du Palatinat (1).

(1) Cum Responsoriis quœ S. Wernherus habet multa, scholares pauperes etiam hodie panem acquirunt, iis scilicet vel describendis vel cantandis vicatim. — *Procès de 1428, dépos. du tém. 91e. Cf. Bolland.* p. 723. — On peut lire dans l'histoire de Luther par Audin (Chap. I, p. 26 et suiv.) de curieux détails sur les étudiants d'Allemagne au moyen-âge. L'auteur nous montre Luther, dans sa jeunesse, chantant aux portes des bourgeois de Magdebourg, puis d'Eisenach, pour soutenir son existence.

CHAPITRE X.

Le culte de saint Vernier est autorisé successivement par trois légats du Saint-Siége. — Deuxième translation de ses reliques, 1426.

Cent-trente ans s'étaient écoulés depuis que les restes vénérables de notre Saint avaient été déposés par l'évêque Hermann, dans une châsse de bois garnie de fers (1293). Le temps, peut-être aussi les tentatives indiscrètes des pélerins, avaient fortement endommagé cette châsse ; les bois étaient tout vermoulus, les fers étaient disjoints. Le tombeau lui-même, soit par l'effet de sa pesanteur et de l'humidité, soit pour tout autre cause, s'était insensiblement affaisé au niveau du sol. Les fidèles gémissaient de cet état de choses ; mais, comme saint Vernier n'avait pas été encore expressément déclaré Saint par le Souverain-Pontife, l'autorité ecclésiastique de Bacharach n'osait prendre sur elle de rétablir le tombeau dans son état primitif.

Sur ces entrefaites, en 1421, vint à Bacharach un Légat *à latere* du pape Martin V, le cardinal Branda

de Castiglione, évêque de Plaisance. Il venait prêcher
et promouvoir en Allemagne la croisade contre les
Hussites de Bohëme, qui menaçaient de mettre l'Europe à feu et à sang. Dans la plénitude de ses pou-
voirs, le Légat honora grandement le tombeau, alors
trop négligé, du saint martyr. Il ordonna que le saint
corps fût recherché et placé honorablement dans un
tombeau élevé au-dessus du sol, tel qu'il était auparavant, afin que les détracteurs du culte du Saint, s'il
en existait, ne pussent se prévaloir de la cessation
de cette marque d'honneur. Les actes du Cardinal,
en faveur du culte du Saint, furent si solennels et ses
ordres si précis, qu'un chroniqueur du xiiie siècle affirme que ce Légat *canonisa formellement saint Ver-*
nier (1). Malheureusement, les soins de la croisade, et
d'autres affaires d'importance majeure, ne permirent
pas au cardinal Branda de séjourner assez à Bacharach pour veiller à l'accomplissement de ses ordres;

(1). *Chronicon Cornelii Zantfliet, monachi S. Jacobi Leo-*
diensis, ab anno 1230, ad an. 1461. — Publié pour la première
fois par D. Martène, Ampl. Coll. Veter. Scriptor. T. V. —
« Nec id silendum arbitror quod prædictus Cardinalis (Branda
de Castellione) legatus de latere, auctoritate legationis, veniens
ad oppidum super Rhenum positum, vocabulo *Vacherach*
(sic),.... canonisavit illic Sanctum Varnerum, qui anté multos
annos terribiliter jugulatus fuerat à judæis... — An. 1421,
p. 412. » — A l'année 1287, l'auteur avait rapporté le martyre
du Saint, et parlé par anticipation de sa canonisation par le
légat Branda: «.... Deinde.. *hic Varnerus canonisatus est,* et
à terrâ elevatus per D. Brendam de Castellione, cardinalem et
apostolicæ Sedis legatum, p. 122. »

lui parti, rien ne fut changé à l'état extérieur des choses.

Cependant à Bacharach et aux environs les esprits étaient inquiets; on craignait que des gens audacieux ne profitassent de l'état de délabrement du tombeau du Saint pour enlever furtivement son corps; ces craintes n'étaient certainement pas chimériques ; de grandes foules de pèlerins, allant vénérer les saintes reliques d'Aix-la-Chapelle (1), s'arrêtaient en passant au tombeau de saint Vernier, et paraissaient fort désireuses d'avoir de ses reliques. Déjà même, quelques années auparavant, des Hongrois avaient osé enlever un doigt de la main droite du Saint, placé ainsi que nous l'avons fait remarquer, dans un reliquaire à part. Les esprits donc, même les plus modérés, étaient inquiets; les plus exaltés prétendaient que déjà le corps du martyr avait disparu, au moins en grande partie.

Pour faire cesser toute appréhension et rendre au Saint l'honneur qui lui était dû, la Providence envoya à Bacharach, au printemps de l'année 1426, un autre légat du Saint-Siége, le cardinal Jourdain Orsini (ou des Ursins), évêque d'Albano. Le cardinal était accompagné d'une nombreuse suite de clercs et de

(1) Aix-la-Chapelle, célèbre par sa cathédrale dédiée à la très-sainte Vierge, possède, outre les restes du grand empereur Charlemagne, de précieuses reliques des vêtements de la T.-Ste Vierge et des instruments de la Passion de Notre-Seigneur. Au Moyen-Age, ces reliques attiraient, à certaines époques, des multitudes innombrables de pèlerins.

docteurs, parmi lesquels deux prélats insignes : Bernard Carbonet, évêque de Cavaillon et Jacques de Lodi, évêque d'Urbino, fameux théologien de l'Ordre des Frères-Prêcheurs.

Le Comte palatin, Louis III, surnommé le Barbu, animé de la plus tendre dévotion à l'égard de saint Vernier, exposa au cardinal-légat qu'il était opportun de calmer les justes appréhensions des peuples, en faisant connaître l'état exact du corps du Saint. Il demandait en même temps à rendre à ce saint corps l'honneur qu'il méritait, en le faisant placer dans un tombeau plus digne, ainsi que l'avait ordonné, cinq ans auparavant, le légat Branda de Castiglione.

Avant d'acquiescer aux pieuses demandes du Comte, le cardinal Orsini ordonna une enquête juridique sur les miracles opérés par l'intercession du Saint. Vingt-trois miracles tout récents furent reconnus indubitables, affirmés qu'ils étaient par des témoins oculaires et dignes de foi, en même temps que par ceux-mêmes sur lesquels ils s'étaient accomplis. A la suite de cette enquête, le cardinal pria sur la tombe du Saint, et y déposa une riche offrande. Il accorda ensuite par un diplôme du 10 juillet 1426, *cent jours* d'indulgences à tous ceux qui visiteraient pour y prier, la chapelle de saint Vernier, aux fêtes précédemment désignées dans la lettre des *douze Evêques*. Les deux évêques qui l'accompagnaient accordèrent chacun *quarante jours* d'indulgences, à gagner aux mêmes conditions et aux mêmes jours.

Le lendemain de cette importante concession, le jeudi 11 juillet 1426, l'antique châsse où reposait saint Vernier fut ouverte; le corps du Saint y fut retrouvé tel absolument que le dépeignaient les procès-verbaux de la première translation en 1293. Le cardinal statua que deux châsses seraient faites pour renfermer avec honneur ce saint corps; l'une garnie de glaces, permettrait de voir les saintes reliques; l'autre, plus solide et toute massive, devrait renfermer et protéger la première. Les ouvriers se mirent immédiatement à l'œuvre ; et, moins d'un mois après, les deux châsses étaient terminées. De Spire, où il s'était transporté, le cardinal revint alors à Bacharach, pour présider à l'élévation et à la translation solennelle du saint corps. Les solennités durèrent plusieurs jours et attirèrent des foules empressées de pélerins.

Au lendemain de ces solennités, le 5 du mois d'août, l'autel de l'abside principale de la nouvelle chapelle fut consacré, en présence et par ordre du cardinal-légat, par l'évêque Bernard de Cavaillon « en l'honneur de l'Annonciation de Marie, des saints Vincent, Apollinaire, Ethérius (fiancé de sainte Ursule) et du *bienheureux Werner.* » Des reliques de tous ces Saints, et en particulier de saint Vernier, furent déposées dans le tombeau de l'autel.

Le légat séjourna à Bacharach jusqu'au surlendemain de l'Assomption. Avant de s'éloigner, il voulut prévenir toute tentative téméraire contre les reliques du jeune et cher martyr dont il venait d'approuver le culte. Il promulgua donc une ordonnance statuant que la première châsse renfermant le saint corps ne serait ouverte que quatre fois par an : le lundi de *Quasimodo*, le jour des saints apôtres Pierre et Paul (29 juin), le jour de saint Barthélemy (24 août), et le jour de saint Etienne, premier martyr (26 décembre); et cela seulement jusqu'à l'entier achèvement de l'église du saint. Une fois l'église complètement terminée, la châsse extérieure ne devait plus être ouverte qu'une ou deux fois par an.

La visite du cardinal Jourdain Orsini au tombeau de saint Vernier, l'enquête faite par ses ordres sur les miracles du Saint, la translation des reliques présidée par lui, donnèrent au culte du Saint une impulsion extraordinaire. Les plus hauts personnages venaient en pélerinage à Bacharach.

Le 27 septembre de cette même année 1426, on y voit venir l'archevêque de Bezançon, Thibant de Rougemont. En témoignage solennel de sa dévotion à saint Vernier, il voulut accorder des indulgences à tous ceux qui visiteraient son tombeau ou qui contribueraient à l'achèvement de sa chapelle. A cet effet, il promulgua l'acte suivant :

« Théobald (*Thibaud*) de Rougemont, par la grâce divine, archevêque de Bezançon. — A tous les fidèles à la « connaissance duquel ces lettres parviendront, salut en « Jésus Christ qui est le vrai salut de ses fidèles.

« Etant venu avec notre suite, vénérer, avec toute la dé- « votion dont nous étions capable, le saint corps du té-

« moin de Jésus-Christ, le *bienheureux martyr Verner*.
« Pleinement informé par des témoignages dignes de foi,
« de la sainteté de sa vie et des miracles innombrables
« qu'il a opérés, nous avons voulu accorder toutes les in-
« dulgences qu'il est en notre pouvoir d'accorder, afin de
« favoriser l'achèvement de l'église que l'on construit en
« son honneur. — En conséquence, en l'honneur de Dieu
« et de *saint Verner*, accédant aux humbles instances du
« Dr Wynaud de Steeg, pasteur de Bacharach, nous ac-
« cordons *quarante jours* d'indulgence à tous ceux qui
« prieront dans la dite église de S. Verner, ou qui feront
« quelque aumône à la dite église aux jours ci-après dési-
« gnés... (Les jours indiqués par l'archevêque sont abso-
« lument les mêmes que ceux qui avaient été fixés par la
« lettre des douze évêques, puis par le cardinal-légat,
« Jourdain Orsini) (1). »

Deux ans après, en 1428, un autre Légat du Saint-
Siége, le cardinal d'York renouvela toutes les indulgences précédemment accordées et en ajouta de
nouvelles. Cette concession est trop importante
pour que nous la passions sous silence ; en voici les
termes :

« Henri, par la miséricorde divine, cardinal prêtre de
« la sainte Eglise Romaine, du titre de saint Eusèbe,
« appelé communément cardinal d'Angleterre, légat du
« Saint-Siége apostolique dans toute l'Allemagne et dans

____

(1) Le diplôme de l'archevêque Thibaut est rapporté par
J.-J. Chifflet, dans son histoire de Besançon et par les
Bollandistes, p. 706, C.

« les royaumes de Hongrie et de Bohême... — Considérant
« que la construction de l'église de *saint Verner*, à
« Bacharach, a été heureusement commencée, et est déjà
« à moitié terminée, ainsi que nous le témoigne la supplique
« d'Altmann Bettendorffer, architecte chargé de présider
« à cette construction ; considérant, d'autre part, que
« ladite construction a été commencée sur un plan
« grandiose, en telle sorte que, pour la terminer dignement,
« les offrandes des fidèles sont plus que jamais nécessaires ;
« nous avons jugé à propos d'accorder des indulgences à
« tous ceux qui concourront à l'achèvement de ladite
« église... (Suit la nomenclature des indulgences ; la
« même que ci-dessus.)

« Donné à Heidelberg, dans le diocèse de Worms, le
« 3 des nones (3) de janvier, la onzième année du ponti-
« ficat de notre Saint-Père en Dieu, et Seigneur, le **Pape**
« **Martin V** (1428).

Tous les originaux des diplômes que nous avons
mentionnés, étaient religieusement conservés aux
archives de Bacharach. Ils furent présentés aux
juges du procès ecclésiastique qui se tint dans cette
ville pour obtenir la canonisation solennelle de saint
Vernier en 1428, ainsi que nous allons le rapporter.

CHAPITRE XI.

Procès canonique informé à Bacharach pour obtenir la canonisation de saint Vernier. — Examen des actes épiscopaux concernant le Saint.

D'après les usages reçus aux XIIIe et XIVe siècles, usages qui eurent force de loi jusque dans les premières années du XVIe siècle, le culte de saint Vernier pouvait être considéré comme pleinement légitime. Commencé immédiatement après le martyre du Saint, il avait été continué sans interruption pendant cent-quarante ans. Tous les prélats illustres qui s'étaient succédés sur le siége archiépiscopal de Trèves, l'avaient, les uns ouvertement toléré, les autres formellement approuvé (1). D'autres prélats insignes,

(1) Consulter avec profit à cet égard le grand traité *de la canonisation des Saints,* de Benoît XIV, notamment les chapitres I, II et VI. — Depuis la mort du Saint, les archevêques de Trèves s'étaient succédés dans l'ordre suivant : Boëmond de Warnesberg, 1286; Dictère de Nassau, 1299; Baudoin de Luxembourg, 1307; Boëmond de Saarbrug 1354; Conon de Falkenstein, 1368; Werner de Konigstein, 1390; Othon de Ziegenheim, 1418.

tels que les archevêques de Mayence et de Besançon,
l'avaient sanctionné autant qu'il était en eux Trois
cardinaux de la sainte Eglise, tous trois légats *a Latere* du Saint-Siége, avaient autorisé ce culte par
tous les moyens en leur pouvoir : concessions d'indulgences, ostension des reliques du saint, exposition de
ses images, ornées des attributs de la sainteté et
environnées de cierges, encouragements donnés à
l'achèvement de la chapelle construite sur son
tombeau. Le Saint-Siége lui-même avait implici-
tement reconnu ce même culte, la deuxième année
après le martyre du Saint, en accordant des indulgences à la chapelle de saint Cunibert, « *où repose
le corps de saint Werner.* »

C'était certes plus qu'il n'en fallait, selon les
usages du temps, pour que le culte de saint Vernier
put être continué en toute assurance. Toutefois, la
piété des fidèles n'était pas pleinement satisfaite;
elle désirait pour son cher Saint les honneurs d'une
canonisation solennelle, proclamée par le Souverain-
Pontife, juge suprême et infaillible en matière de
sainteté, comme en matière de doctrine et de mœurs.

D'autre part, des règles plus strictes que celles
des temps anciens, et réservant au seul Souverain-
Pontife la canonisation des Saints, et par suite
l'autorisation de leur culte, avaient été promulguées
par divers papes, notamment par Alexandre III
(1159-1181). Ces règles, à la vérité, n'étaient guère
observées; mais elles existaient; elles étaient connues
des doctes; et, en certains endroits, des ecclésias-

tiques, rigides observateurs du droit écrit, se refusaient à célébrer la fête de saint Vernier, et à s'associer au mouvement qui entraînait vers lui les populations. Celles-ci, habituées depuis un siècle et demi à fêter le cher Saint, à chanter des hymnes en son honneur, étaient grandement troublées par cette attitude d'une partie du clergé. C'étaient des plaintes, des murmures, des contestations sans fin.

Le cardinal-légat, Jourdain Orsini, dont nous avons parlé précédemment, se trouvait encore en Allemagne. Le comte Palatin, Louis-le-Barbu, le conjura instamment de remédier à cet état de choses et de donner satisfaction à la piété des fidèles. Le légat ordonna alors qu'un procès canonique, selon toutes les règles du droit, serait instruit à Bacharach, pour constater la sainteté et le martyre de Vernier, et pour examiner, et au besoin confirmer le culte qui lui était rendu.

Ce procès fut ouvert le 28 septembre 1428, il dura six mois entiers. De longs extraits de ses *actes* fatigueraient le lecteur et n'ajouteraient aucun intérêt à cette histoire ; bornons-nous à en donner une analyse fidèle.

Les *actes* débutent par ce préambule :

« D'après le conseil très digne de respect, ou plutôt d'après les ordres du Révérendissime Père en Jésus-Christ, le Sr Jourdain Orsini, par la Providence divine évêque d'Albano, cardinal et grand pénitencier de la sainte Eglise Romaine ; — Après mûres délibérations des Révérendissimes Pères et Seigneurs, les deux Evêques de sa suite, docteurs en théologie, et de quatre autres docteurs de diverses facultés, tous de la suite dudit Sr Cardinal, séjournant avec lui depuis quelque temps à Bacharach, dans la maison pastorale ; — Pour l'information respectueuse du Saint-Siége apostolique, du Souverain-Pontife, et des Révérendissimes Pères et Seigneurs en Jésus-Christ, les Cardinaux de la même sainte Eglise ; — Par l'ordre aussi du Révérendissime Père en Jésus-Christ, le Sr Archevêque de Trèves (1), et pour l'édification de toute sa sainte Eglise ; — Tout ce qui est consigné ci-dessous a été recueilli, réuni et écrit avec une très grande exactitude et diligence, en vue de la seule vérité, comme on pourra s'en convaincre ; — Tout d'abord, à la gloire de la très sainte Trniité, de Notre-Seigneur Jésus-Christ, de sa très sainte Mère toujours vierge ; en l'honneur des deux saints Jean, et de tous les élus de la cour céleste, patrons de la chapelle du *Bienheureux Werner* (2)... »

Après ce préambule, sont indiquées toutes les formalités observées pour le choix et la nomination des juges du procès ; pour le choix, la citation et les dépositions des témoins. Les juges étaient au nombre de huit ; tous ecclésiastiques, sauf un seul : Pierre Fabiani, d'Henzberg. A leur tête se trouvait le curé de Bacharach, messire Winand, de Steeg, docteur en droit canonique. Deux cent-onze témoins furent successivement entendus. Parmi eux nous comptons : vingt-quatre ecclésiastiques séculiers, le prieur du

(1) Otl.on de Ziegenheim, depuis 1418.
(2) Voir le texte latin de ce *préambule*, aux pièces justificatives, 1re p. I, n° 1.

monastère de saint Werner, à Windsbach, et ses cinq religieux; trente-huit dames ou veuves, appartenant aux meilleures familles de la contrée (*matronæ potiores et viduæ*); trente-quatre personnes pieuses de condition honorable, servant Dieu dans le célibat (*virgines nobiles, devotæ, Deo in continentia servientes*); et cent-neuf hommes de toute condition, tous d'un âge mûr, et tous recommandables par l'intégrité de leurs mœurs.

Les *Actes* du procès sont divisés en quatre parties, savoir: 1° Examen des actes épiscopaux, et autres actes officiels concernant le culte de saint Vernier, sa sépulture, les translations de ses reliques, ses miracles; — 2° Examen de sa vie et de son martyre; — 3° Examen de l'opinion qu'ont les peuples de sa sainteté et du culte qui lui est rendu; — 4° Examen des miracles qui lui sont attribués.

Les actes épiscopaux et autres actes publics à contrôler, étaient par ordre de date : 1. La lettre des *douze Evêques*, 1289; — 2. La lettre de Boëmond de Warnesberg, archevêque de Trèves, 1289; — 3. La lettre de l'évêque Hermann, auxiliaire de Cologne, 1293;—4. La lettre de Pierre Aichspalter, archevêque de Mayence, 1320; — 5. La lettre de Boudain de Luxembourg, archevêque de Trèves, 1324; — 6. La lettre de Thibaud de Rougemont, archevêque de Besançon, 1426; — 7. Le diplôme du cardinal-légat Jourdain Orsini, 1426; — 8. Le diplôme du cardinal-légat Henri d'Angleterre, 1428; — 9. Le catalogue des quatre-vingt-dix premiers miracles; — 10. Les procès-verbaux de la sépulture du Saint, 1287 ; de la première translation, 1293 ; de la deuxième translation, 1426 ; — 11. Les actes et procès-verbaux de l'enquête faite en 1426, par ordre du cardinal Orsini, sur les miracles plus récents du Saint. Toutes ces pièces furent scrupuleusement examinées ; leur authenticité fut établie. Il fut constaté qu'elles n'avaient subi ni altération ni interpolation ; les sceaux étaient intacts ; les signatures furent confrontées et reconnues vraies. En conséquence, ces diverses pièces furent transcrites et enregistrées comme probantes.

Les juges s'occuppèrent ensuite d'établir la vérité historique de la vie et du martyre de saint Vernier.

CHAPITRE XII

Suite du procès. — Examen de la vie et du martyre de saint Vernier. — Examen de l'opinion qu'ont les peuples de sa sainteté et du culte qu'ils lui rendent.

Plusieurs légendes avaient été écrites sur la vie et le martyre de notre Saint; les unes plus détaillées pour l'édification des fidèles; les autres plus succintes, pour être lues dans l'office divin que plusieurs églises, ainsi que nous l'avons remarqué, récitaient au jour de sa fête. Toutes ces diverses légendes furent produites et examinées; et il fut facile d'établir, par la tradition et par le témoignage, la vérité de leur narration. Cent-quarante et un ans seulement s'étaient écoulés depuis la mort de saint Vernier; les vieillards avaient connu ses contemporains, les témoins oculaires de sa glorification et des miracles qui la suivirent. A ce sujet, nous relevons dans les *Actes* du procès, les dépositions suivantes:

« Le témoin 18ᵉ, Jean Biène, âgé de cent ans ou environ, dit qu'il a appris l'histoire de saint Werner et de son martyre de la bouche de, ses parents qui avaient vu et connu ce bienheureux enfant. »

« Le témoin 127e, Getza, âgée de quatre-vingts ans, veuve de Jean Malt, saine de corps et d'esprit, raconte toute l'histoire du martyre de saint Werner. On lui demande de qui elle la tient; elle répond l'avoir apprise de son grand-père, Sifroi Amborn, qui vivait au temps du Saint et l'avait vu et connu. »

« Le témoin 120e, Elisabeth Weselers, âgée de soixante-dix ans, dit avoir appris l'histoire de saint Werner d'un bourgeois de Steeg, nommé Orit Keyser, grand père de Messire Winand, curé de Bacharach. Elle l'a entendue raconter aussi par un grand nombre d'autres personnes (*à multis aliis*) qui vivaient au temps du martyre du Saint.»

Toutes les particularités relatives à la famille de saint Vernier, au lieu de sa naissance, aux occupations de ses premières années, et à son martyre, furent très clairement établies, telles que nous les avons rapportées.

« Le témoin 83e, Pierre Scholteisz, de Mannebach, âgé de cinquante ans, dit avoir appris de sa grand-mère (laquelle aurait connu saint Werner) que le Saint était né au petit hameau de Constanza, tout proche de Wammeratt. »

« Le témoin 117e, Gutta Schiegers, veuve de Jean Gerkens, âgée de soixante-cinq ans, déclare avoir entendu dire à un habitant de Steeg, nommé Jean Schuring, qu'il avait vu le bienheureux enfant Wernher travaillant aux champs, comme il y avait été habitué dès son enfance, et portant de l'engrais dans les vignes d'un des principaux habitants de Steeg, et que le dit Wernher était un enfant très vertueux. »

« Le témoin 10e, Jean Corst, de Mannebach, âgé de plus de quatre-vingts ans, dépose que son aïeule, qui mourut âgée de cent ans, lui a dit maintes fois qu'après le martyre de saint Wernher, elle avait fait l'aumône au frère du dit saint. »

« Le témoin 1er, Jean Bintreiff, tonnelier, habitant de Bacharach, déclare être allé autrefois dans la maison de la nièce de saint Wernher, au hameau de Wammeratt, d'où le Saint était originaire, et avoir parlé plusieurs fois avec elle. »

Quelques-uns des témoins se faisaient gloire d'appartenir à la parenté de saint Vernier, et déclaraient posséder, à ce titre, quelques pièces du modeste mobilier de la maison paternelle du Saint, à Wammeratt. Ils gardaient précieusement ces humbles ustensiles comme de vénérables reliques.

« Le témoin 47e, Jean Crebisz, de Bacharach, âgé de soixante-cinq ans, dit que le B. Wernher et lui ont eu les mêmes ascendants d'une famille de cultivateurs. »

« Le témoin 119e, Catherine Stumps, de Steeg, âgée de quatre-vingts ans, affirme être certaine, d'après ce que lui a dit Biel Cruls, mère de son mari, qu'il y avait une parenté très rapprochée entre quelques habitants de Steeg et la mère de S. Wernher; tellement que le mobilier des fils de celle-ci fut partagé entre tous les parents. C'est ainsi qu'est venue en la possession de Jean Smalcz, de Steeg, une marmite en fonte ayant appartenu à la mère de S. Wernher. »

« Le témoin 89ᵉ, Jean Smalez, âgé de cinquante-trois ans, parent rapproché de S. Wernher, ainsi qu'il est notoire, a déclaré avoir la dite marmite qui lui vient de ses ascendants. »

Une fois la personnalité de S. Vernier bien établie, et la vérité historique de sa vie et de son martyre bien prouvée par le témoignage oral, en même temps que par les documents écrits, les juges étudient l'opinion que les peuples ont de sa sainteté et la nature du culte qui lui est rendu.

Ici l'enthousiasme déborde ; et les dépositions sont énergiques jusqu'à la rudesse.

« Le témoin 24ᵉ, Jean Wescler, de Steeg, âgé d'environ soixante-dix ans, dit que la sainteté du B. Wernher est tellement évidente que si quelqu'un osait obstinément affirmer le contraire, on devrait le brûler comme hérétique. »

« Le témoin 50ᵉ, Jean Bintreiff, interrogé sur la sainteté du B. Wernher, comme sur une chose douteuse, témoigne tant d'horreur de ce doute qu'il s'écrie : Celui qui ne voudrait pas croire que Wernher est un Saint devrait être brûlé vif ou noyé comme un chien. »

« Le témoin 78ᵉ, Hora Swab, de Steeg, dit que douter de la sainteté du B. Wernher, ce serait tout simplement renouveler les doctrines perverses de Jean Huss, contrairement à la saine tradition, au grand scandale des peuples. (*in scandalum reipublicæ*). »

« Le témoin 74ᵉ, Jacques Ortrud, un des douze conseillers de la ville de Bacharach, s'exprime ainsi : « Ce serait une chose scandaleuse que de vouloir amoindrir l'opinion de sainteté qui environne S. Wernher depuis si longtemps.

Ce serait se tromper grandement et offenser Dieu, on n'en saurait douter, que de vouloir amoindrir le culte public rendu au Saint martyre depuis si longtemps, soit par les gens du pays, soit par les étrangers habitant même des régions éloignées, alors que ce culte est appuyé et confirmé par tant de prodiges et de miracles. »

La déposition des religieux de Vindsbach, pour être plus modérée dans la forme, n'est pas moins expressive; en voici un extrait :

« Nous, Philippe, prieur, et toute la communauté du « monastère de Furstentayl, plus communément appelé de « saint Wernher, près de Bacharach, dans le diocèse de « Trèves, de l'Ordre de S. Guillaume. » *La déposition parle alors de la vie et du martyre du Saint, de son corps miraculeusement retrouvé à Windlsbach, de la fondation du monastère en cet endroit en 1288 ; elle se termine ainsi :* « Et, pour conclure, nous croyons et nous déclarons « sincèrement que ce *très pieux enfant saint Vernier*, « est très digne de la canonisation apostolique, tant à cause « de sa sainteté qu'à cause de ses très insignes miracles. « Et si elle n'était pas prononcée (sauf toujours l'avis du « Saint-Siége), nous craindrions fort qu'il n'en résultat du « scandale dans l'Eglise de Dieu. Et nous avons ap- « posé à cette déclaration les sceaux de notre administra- « tion, prieuré et couvent, l'an du Seigneur 1429, le 14 « du mois de février (1). »

Les témoins parlent ensuite du grand concours de pélerins qui se fait au tombeau du serviteur de Dieu.

____

(1) Voir pièces justificatives, procès n° 3, E;

« Il en vient, disent-ils, non seulement des contrées voisines, mais encore de pays très éloignés. Des Slaves, des Hongrois viennent en pélerinage à saint Verner, malgré la difficulté et la longueur des chemins. Ne pouvant, comme ils en auraient le désir, se procurer des reliques du serviteur de Dieu, ils font toucher à son tombeau des fleurs, des linges qu'ils conservent ensuite religieusement. Ils emportent de l'eau de la fontaine qui coule près de la chapelle, et ils assurent que, dans leur pays, bien des personnes qui en ont bu avec foi en ont éprouvé de merveilleux effets. »

Parlant des *Ex-voto* en cire, appendus aux murs de la chapelle du Saint et représentant les miracles opérés par lui, plusieurs témoins déclarent que, dans l'espace de deux ans, ils en ont vu apporter plus de cinq mille. « Pour ne pas encombrer la chapelle, ajoutent-ils, on prit le parti d'en laisser environ un millier autour du saint tombeau; tous les autres furent fondus et transformés en cierges. — « Toutes les grilles de la nouvelle église, disent les témoins, toutes les ferrures des portes et des fenêtres ont été forgées avec les chaînes des captifs miraculeusement délivrés par l'intercession du Saint. »

Les juges examinent ensuite le culte rendu au Saint de temps immémorial. Ils constatent que ces statues ou images sont dans les églises, ornées des attributs de la sainteté et du martyre: l'auréole, la couronne et la palme; que les fidèles offrent des cierges, qui sont brûlés autour de ces images du jeune martyr. Ils examinent et enregistrent les hymnes, antiennes et oraisons composées en l'honneur du Saint, et chantées ou récitées dans plusieurs églises.

Ils constatent que, de temps immémorial, les gens d'Oberwésel venaient en procession au tombeau du Saint au jour des Rogations. Ceux de Bacharach y venaient à certaines solennités de l'année, notamment le lendemain de la fête de Noël. En ce jour où l'Eglise honore le premier des martyrs et fait mémoire de tous ceux qui ont versé leur sang pour Jésus-Christ, les fidèles de Bacharach trouvaient tout naturel de rendre un hommage spécial au jeune martyr Verner, leur compatriote. A la procession qui avait lieu ce jour-là, le Très-Saint-Sacrement était porté en grande pompe, de l'église parroissiale à la chapelle du Saint. Une année, à cause de la rigueur de l'hiver, on avait cru pouvoir omettre cette procession traditionnelle. « Or, disent les témoins, voici que cette année-là, au jour de la Circoncision, le tombeau du Saint s'agita, les fers et les grilles de sa chapelle s'entrechoquèrent violemment, en telle sorte que les fidèles qui y priaient en ce moment crurent à un tremblement de terre. Les parois de la chapelle se soulevèrent et se disjoignirent comme pour protester contre l'oubli d'un hommage séculaire (1). » Ne dirait-on pas que le Sau-

(1) V. Bolland., p. 721, F.; p. 722. A, C; p. 729. F.

8.

veur ait voulu dans cette circonstance appliquer à son fidèle serviteur la parole qu'il avait dite une fois de lui-même : *Si hi tacuerint, lapides clamabunt*. Si les hommes se taisent et arrêtent sur leurs lèvres les accents d'une louange méritée, les pierres crieront à leur manière pour suppléer au silence des hommes.

CHAPITRE XIII.

Suite du procès. — Examen des miracles. — Punition des blasphémateurs de saint Vernier.

Nous ne pouvons rapporter tous les miracles mentionnés dans le procès, et affirmés, pour la plupart, par des témoins oculaires; le nombre en est trop gran 1. « Saint Vernier, disent plusieurs témoins, surpasse beaucoup d'autres saints martyrs par le nombre et par l'éclat des prodiges qu'il a opérés. » — Entre tous ces récits de miracles, nous choisissons les suivants :

Un prêtre de Bacharach, nommé Jean Hunczerich, recommandable par sa grande piété, fut, par la permission divine, atteint d'une paralysie des deux bras; et, par suite privé du bonheur d'offrir le saint Sacrifice de la messe; c'était là ce qui l'affligeait le plus. Avant cette épreuve, il édifiait grandement les fidèles par la dévotion avec laquelle il célébrait; et lui-même puisait de bien douces consolations dans ce grand acte, le plus auguste de notre sainte religion. Quelques pieux fidèles, compatissant à son affliction, le conduisirent jusqu'à la chapelle du Saint; et tous se mirent à invoquer avec larmes le jeune thaumaturge. Le vénérable prêtre, les mains soutenues en haut par ceux qui l'accompagnaient, fit à haute voix le vœu de se constituer en quelque sorte le chapelain de saint Vernier et de visiter tous les jours sa chapelle, s'il lui obtenait le retour à la santé. Son vœu fut agréable à Dieu; sa prière fut exaucée; et soudain il recouvra l'usage de ses bras. Pendant plus de vingt ans qu'il vécut encore, les fidèles de Bacharach le virent avec édification accomplir tous les jours le pélerinage promis. Il allait en outre régulièrement, un certain nombre de fois par semaine, célébrer la sainte messe près du tombeau de son libérateur. En 1428, lors du procès, ce digne prêtre n'était plus sur la terre; mais plus de quinze témoins oculaires de sa guérison instantanée en affirmèrent, sous la foi du serment, l'entière vérité. Leur témoignage fut corroboré par celui de la ville toute entière (1).

Le témoin 7e, Jean Busz, âgé de cinquante ans, secrétaire de la justice de Bacharach, déclare qu'environ un an avant le procès, il était très gravement malade, à l'article de la mort, abandonné des médecins et déjà muni de tous les sacrements. Immobile, sans parole et glacé, il n'attendait plus que son dernier instant, tandis qu'autour de lui ses

(1) Les témoins 1er, 15e, 111e, 155e, et autres. — *Act. SS.,* p. 724.

parents le pleuraient déjà comme mort. Soudain il lui vint à l'esprit de faire un vœu à saint Verner. Il promit intérieurement de visiter son tombeau et de contribuer de tout son pouvoir à l'achèvement de sa chapelle. A l'instant même, la parole lui revint, il retrouva ses forces, il fut hors de danger; et, après une courte convalescence, il fut complètement guéri. Il songea alors à accomplir son vœu. — « A défaut d'argent, dit-il, je donnai pour l'achèvement de la chapelle du Saint, une bonne provision de mon meilleur vin; telle que, si je le vendais aujourd'hui, j'en tirerais bien vingt bons florins (1). » Le témoignage de Jean Busz fut confirmé par celui de tous ses parents et voisins.

Catherine Ortim, de Perscheit, dans le diocèse de Trèves, déclare « avec serment sur la foi de son baptême, attestant le jugement divin qui condamne ou absout pour l'éternité, » qu'elle a obtenu par l'intercession de saint Verner la santé et la vie à son petit enfant, Jacques, âgé d'un an et un mois. A bout de moyens humains, elle s'est adressée avec une grande confiance à ce très saint martyr, promettant de porter l'enfant à son tombeau et d'y offrir le quart d'une livre de cire; sa pauvreté ne lui permettant pas d'offrir d'avantage. A peine avait-elle formulé son vœu que l'enfant est revenu à la vie.

____

(1) 20 florins équivalent à peu près à 50 fr.; mais il faut se rappeler qu'au xv° siècle, l'argent avait une valeur au moins triple de celle qu'il a aujourd'hui. — *La déposition de J. Busz.* *V. les Bolland., p. 724.*

Son témoignage est confirmé par celui de tous les gens de sa famille et de son village (1).

A ces miracles, constatés au procès de 1428, nous joignons un petit nombre de ceux qui avaient été constatés précédemment dans l'enquête commencée en 1426, par les ordres du cardinal des Ursins. De nos jours on est trop porté à croire qu'à l'époque dont nous parlons l'autorité ecclésiastique acceptait sans contrôle toutes les affirmations de faits surnaturels. Les extraits suivants de l'enquête prouveront qu'à cette époque reculée il y avait des esprits sérieux, comme il peut y en avoir de nos jours, et que l'Eglise n'enregistrait les faits surnaturels que lorsqu'elle les voyait appuyés par des témoignages nombreux et irrécusables.

« Au nom du Seigneur, *Amen*. Que par cet acte public soit sûrement et manifestement connu de tous, ce qui suit : L'an de Notre-Seigneur 1426, la 7ᵉ année du pontificat de N.-S.-P. le pape Martin V, le 1ᵉʳ jour d'août, environ l'heure des vêpres, dans le cimetière de l'église paroissiale du Saint-Pierre de Bacharach, en présence du vénérable et prudent Vinand de Steeg, docteur en droit, pasteur de Bacharach, et des honorables Sʳˢ Hermann Bère, Hermann Corbache, chapelains du dit Sʳ Curé; Arnold Kornhere, Jean Kelnhere, Jacques Mantel, prêtres de la dite église de Bacharach; Etienne Prume, Jean Gerkin, Etienne Bruning, Jean Seliche, et de plusieurs autres témoins, au nombre de treize, qui seront nommés plus bas, tous appelés et requis en témoignage.

(2) *Act. SS.*, p. 707, F.

« **A** comparu en personne l'honorable homme Gerlac Gingke, de Breytscheid, diocèse de Trèves. Afin de l'engager plus efficacement à déclarer nettement la pure vérité, ledit Sʳ Curé a solennellement adjuré ledit Gerlac par la foi de son baptême, lui rappelant les jugements divins, la damnation éternelle et le salut éternel. Après quoi, ledit Gerlac, d'un ton ferme et d'une voix assurée, s'est exprimé ainsi : « J'étais autrefois, par la permission divine, atteint du mal caduc. Un jour, étant seul près du feu, je fus pris d'un accès de mon mal et je tombai si malheureusement qu'un de mes pieds s'engagea dans le foyer. Il y demeura jusqu'à ce que j'eusse recouvré l'usage de mes sens. A la suite de cet accident, ce pied fut tellement endommagé, qu'il m'était impossible de faire un seul pas, sans être soutenu par des béquilles. Ce triste état dura près de trois ans. Pendant les dix-huit premiers mois, j'essayai de tous les remèdes et consultai un grand nombre de personnes ; ce fut bien inutilement. Alors, n'espérant plus de guérison, et me croyant estropié pour le reste de ma vie, je cessai tous les remèdes pendant dix-huit autres mois. Sur ces entrefaites, j'entendis parler de plusieurs personnes, qui, ayant visité avec dévotion le tombeau de saint Verner, y avaient obtenu la guérison de divers maux. Je fis alors le vœu d'aller, moi aussi, au tombeau du Saint et d'y faire une offrande si j'y recouvrais la santé. Soutenu par mes béquilles et aidé de quelques personnes, je gravis avec beaucoup de peine la colline sur laquelle est située la chapelle du Saint. Plusieurs pèlerins étaient autour du saint tombeau ; j'implorai leur assistance et les priai de joindre leurs supplications aux miennes. Tous ensemble, nous priâmes pendant quelque temps, et soudain je sentis mon pied se mouvoir librement. Laissant là mes béquilles, je descendis la colline sans l'aide de personne ; j'achetai de la cire pour mon offrande, et je remontai seul, sans appui et sans aide ; j'étais complètement guéri. Depuis cette époque, j'ai été entièrement délivré de mon infirmité. Fait les an, mois, jour et heure ci-dessus désignés, en présence de M⁰ Jean Loley, recteur des écoles de Bacharach, de Paul Kempen, et de (suivent douze autres noms), tous habitants de Bacharach, appelés et requis pour déposer sur la vérité des faits énoncés (1). »

« Au nom du Seigneur, *Amen*. L'an du Seigneur 1427, le 9 du mois de juillet, environ l'heure de la messe, en présence de *(comme ci-dessus)*... est comparue Hebel Sterken, âgée de plus de soixante ans, honnête femme de Ludenrait, diocèse de Trèves, venant au tombeau de saint Verner, et y conduisant par la main sa petite-fille, nommée Agnès, âgée d'un peu moins de cinq ans. Adjurée par sa foi chrétienne, ladite Hebel a reconnu et confessé la vérité de ce qui suit : Un mois auparavant, comme ladite Hebel donnait à manger à son cheval, sa petite fille, imprudente comme le sont les enfants, vint par derrière l'animal et le frappa vivement avec une baguette qu'elle tenait à la main. L'animal se mit à ruer avec violence ; il frappa l'enfant en plusieurs parties du corps, notamment à la poitrine. L'enfant toute meurtrie, la poitrine broyée tomba morte sur le coup. Toute éplorée, la grand-mère releva aussitôt le corps inanimé de sa petite fille et le porta chez elle, en appelant à grand cris ses voisins à son aide. On accourut, on chercha par tous les moyens possibles à rappeler l'enfant à la vie ; tout fut inutile. Alors, par le conseil de quelques pieux voisins, la grand-mère fit un vœu à saint Verner, et à peine son vœu fut-il formulé, que la petite Agnès revint à la vie, sans lésion aucune.

(1) Cf. Acta SS., p. 707, A.

Cette déclaration a été faite en présence des honorables Srs Jacques Montel et Jean Proviseur, vicaires de Bacharach ; Hermann Mannebache, avocat ; Jean Prume, notaire ; Eugelman Lotze, magistrat ; Jean Busze, conseiller ; Jean Monestier, et grand nombre d'autres témoins, tous appelés et requis pour déposer sur la vérité de ce fait (1). »

Dieu qui s'était plu à glorifier son serviteur saint Vernier, en exauçant magnifiquement ceux qui l'invoquaient avec confiance, avait encore voulu le glorifier en punissant manifestement ceux qui s'étaient raillés de lui ou de son culte.

Le 11ᵉ témoin, Jean Cremer, de Bacharach, ancien soldat, âgé d'environ cinquante ans, déclare avec regret que, dans sa vie militaire, il n'a pas toujours observé les lois de la justice et de la religion. Mais il se félicite de n'avoir jamais blasphémé ou tourné en ridicule le culte de saint Verner. Il a vu bien des fois des blasphémateurs du Saint manifestement punis et obligés, par la violence de leurs maux, d'implorer le pardon de celui qu'ils avaientoffensé.

Le 18ᵉ témoin, Jean Biene, affirme par serment avoir vu de ses yeux le fait suivant : Un homme conduisait un troupeau de porcs à travers les rues de Bacharach, un de ces animaux s'écarta des autres, et le conducteur, ayant de la peine à le ramener, laissa échapper un juron contre saint Verner. Il fut entendu par un forgeron de l'endroit, grand

______

(1) *Cl. Acta. SS.*, p. 710, C.

dévot du Saint. Celui-ci, emporté par le mouvement irréfléchi d'un trop grand zèle, se précipita sur le blasphémateur, le frappa à la tête d'un grand coup de son lourd marteau et le renversa tout étourdi sous le coup. Tous deux alors reconnurent leur faute: l'un, son blasphême, dont il était puni ; l'autre, l'excès de son emportement. Tous deux invoquèrent à haute voix saint Verner, et le blessé recouvra aussitôt ses forces; le coup qu'il avait reçu n'eut pas de suites fâcheuses. Le miracle fut complet; les animaux conduits par le blasphémateur repentant furent par la suite si dociles à sa voix, qu'il n'eut aucune peine à les diriger. La déposition de Jean Biene fut confirmée par le témoignage de plusieurs autres habitants de Bacharach.

Une barque, rapporte le témoin 160e, descendait le cours du Rhin; elle était chargée de voyageurs, parmi lesquels quelques soldats et le curé de Bacharach, Jean Rummel. Quand la barque fut en vue de la chapelle de saint Verner, qui domine la ville, un des soldats se permit quelques plaisanteries grossières sur le culte « *de ce petit vigneron* ». Aussitôt une tempête furieuse s'éleva; la barque penchée par le vent, se remplissait d'eau, et menaçait à tout instant de sombrer. Les passagers, se croyant perdus, criaient miséricorde. La tempête ne s'apaissa qu'après un vœu fait à saint Vernier, vœu prononcé à haute voix, au nom de tous les passagers, par le curé Jean Rummel (1).

(1) Cf. Acta SS., p. 726, B.

CHAPITRE XIV.

**Conclusion du procès. — Canonisation équiva-
lente.**

La population d'Oberwésel n'avait point oublié le
doux jeune homme qui avait conquis sur son territoire la palme du martyre; tous les ans, ainsi que
nous l'avons raconté précédemment (*chap. VIII*)
elle venait en procession à son tombeau aux jours des
Rogations. L'heureuse réussite du procès qui s'infor-
mait à Bacharach étant dans les vœux de tous, les
magistrats d'Oberwésel voulurent y joindre leur
témoignage solennel.

Réunis en session extraordinaire à la maison de
ville, ils reconnurent officiellement l'existence et
l'universalité aussi bien que la popularité du culte
rendu au Saint. « Si saint Verner, disent-ils, est
grandement honoré à Bacharach où est gardé son
corps, il ne l'est pas moins à Oberwésel où il souffrit
le martyre. » Ils parlent alors du poteau de son
supplice, religieusement conservé par leurs soins ;
de la chapelle fondée sur l'emplacement du caveau

qui avait vu les derniers combats du Saint..., etc., etc...
Cet acte fut inséré dans le registre des délibérations
du conseil, le jour de sainte Catherine, vierge et
martyre, 25 novembre 1428. Il en fut envoyé une
copie authentique aux juges ecclésiastiques réunis à
Bacharach, pour être jointe aux actes du procès.

Le procès fut terminé le jour de l'Annonciation de
la Très-Sainte Vierge, 25 mars 1429. Comme on le
voit, il avait duré six mois entiers.

Les *actes* du procès ayant été terminés, révisés et
signés par les juges, les feuillets qui les composaient
furent *enchaînés*, afin de prévenir toute soustraction,
tout changement, toute addition. On appelait alors
enchaîner un manuscrit, le soumettre à l'opération
suivante : On convenait d'une inscription présentant
à peu près autant de caractères que le manuscrit
comptait de feuillets. Ceux-ci étaient ensuite rappro-
chés l'un de l'autre, de façon à ce que la moitié d'une
des lettres de l'inscription fut écrite sur un feuillet,
l'autre moitié, ou partie de la lettre, sur le feuillet
suivant; et ainsi de suite jusqu'à la fin. Parfois, soit
pour dérouter les faussaires, soit pour tout autre
motif, un petit nombre de pages portaient chacune
une lettre entière. Parfois aussi, on altérait sciemment
l'orthographe de certains mots de l'inscription choisie.
Une copie exacte de l'inscription, de la même main
qui l'avait tracée sur le manuscrit, avec les mêmes
caractères et ornements selon le goût de l'époque,
avec l'indication détaillée du mode suivi, était envoyée
à part, secrètement et par mains sûres, à celui à qui

le manuscrit était destiné. Ce dernier pouvait donc s'assurer qu'aucun feuillet du manuscrit n'avait été retranché, ou changé, ou ajouté.

Voici l'inscription à l'aide de laquelle furent *enchaînés* les actes du procès de Bacharach :

AD LAUDEM JESU-CHRISTI, REVERENSIAM JOHANNIS ET OMNIUM CRISTI ELECTORUM AC BEATI WERNHERI, HOC, STRUXIT OPUS WINANDUS DOCTOR DECRETORUM (1).

— *A la louange de Jésus-Christ, à l'honneur de (saint) Jean et de tous les élus du Christ et du bienheureux Verner, cet acte a été dressé par Vinand, docteur en droit.*

Il fut fait trois copies des actes; toutes trois parfaitement semblables et *enchaînées* d'une façon identique. Elles furent minutieusement comparées, collationnées et enfin signées par les juges et les notaires. Un exemplaire fut déposé aux archives de Bacharach, où le marquis de Spinola put le voir deux siècles plus tard, en 1621 (2); un autre fut envoyé à l'archevêque de Trèves; le troisième fut remis au cardinal-légat Jourdain des Ursins qui se chargea de l'envoyer à Rome. Cet exemplaire arriva à sa

(1) On remarquera dans cette inscription deux fautes évidemment volontaires : *Reverensiam* pour *reverentiam, Cristi* pour *Christi.* — Le total des lettres est de cent-quatorze ; le manuscrit cependant n'a que cent-sept feuilles. Un petit nombre de feuilles portent d'un côté une lettre entière, au lieu d'une moitié de lettre; quelques-unes même portent deux lettres.

(2) Cet exemplaire existe encore aujourd'hui à la bibliothèque de la ville de Trèves.

destination, et trois siècles plus tard, Benoît **XIV**
en a certainement eu connaissance. Il cite, en divers
endroits de son *Traité de la canonisation des Saints,*
les actes du procès du B. Werner (**V.** Elenchus Sanctorum, t. V, p. 404).

A cette époque, la canonisation des Saints n'était
pas d'ordinaire environnée de toute la solennité
extérieure que les Papes lui ont donnée depuis plusieurs
siècles. Elle consistait tout simplement dans un
décret du chef suprême de l'Eglise, décernant à un
personnage le titre de *Saint*, et imposant à tous les
fidèles de le reconnaître et de le vénérer comme tel,
ami de Dieu, régnant avec lui dans la gloire.

Ce décret a-t-il été promulgué pour saint Vernier ?
La légende du Saint, imprimée à Besançon en 1548,
l'affirme. « Vernier, dit-elle, a été inscrit au catalogue des Saints par le pape Martin V. (1). » La
légende allemande est plus explicite encore ; elle
désigne l'année 1431 comme celle où le Pape aurait
promulgué la canonisation du Saint. « Werner, dit
cette légende, était déjà universellement reconnu et
honoré comme Saint, lorsque le pape Martin V
le canonisa en 1431 (2). » Or, Martin V mourut le
19 février 1431, environ deux ans après la conclusion du procès de Bacharach. Faut-il admettre, sur

______

(1) Vernerius... à Martino V Pontifice maximo, in Divorum
catalogo relatus est. — *Leg. Bisunt. ap. Chifflet.*

(2) Papst Martin V, im Jahre 1431, canonisirte den bereits
allgemein als heiligen verherten Wernher. — *Leg. all.*

l'autorité des deux légendes, allemande et franc-comtoise, que, dans cet intervalle, il ait solennelle-ment prononcé la canonisation de saint Vernier ? Les Bollandistes, sans rejeter le fait d'une manière absolue, n'osent, faute de preuves suffisantes, l'admettre comme indubitable.

Quoiqu'il en soit, si saint Vernier n'a pas eu les honneurs d'une canonisation formelle de la part du chef de l'Eglise, il a eu incontestablement les honneurs d'une canonisation *équivalente*. Dès le lendemain de son martyre, il avait été honoré comme Saint. Son culte, populaire dès le principe, s'était étendu sous le regard et avec l'approbation des métropolitains de Trèves, selon les usages du temps. Trois cardinaux légats du Saint-Siége l'avaient approuvé avec une solennité exceptionnelle. Après le procès de 1428, ce culte continua dans les mêmes conditions qu'au-paravant. Il pouvait y avoir çà et là quelques contradicteurs; l'autorité suprême leur imposa défi-nitivement silence dans les premières années du xviie siècle.

En 1625, parurent les célèbres décrets d'Ur-bain VIII. Ces décrets sanctionnaient définitivement tout culte établi avec l'approbation des Ordinaires, et ayant au moins un siècle de durée non interrompue. Ils défendaient en conséquence de critiquer, d'attaquer tout culte réunissant ces conditions. Or, en 1625, le culte de saint Vernier avait plus de trois siècles de durée. Il ne saurait donc être permis de contester à saint Vernier les titres de *Bienheureux* ou de *Saint*, sous le prétexte que le fait de sa canonisation par un souverain Pontife ne saurait être démontré historiquement. Aussi Benoît XIV, dans son *Catalogue des Saints*, donne-t il à notre héros le titre de *Bienheureux*. « De temps immémorial, dit le pontife, le B. Werner reçoit comme martyr les honneurs du culte. *B. Wernerius, ex immemorabili consuetudine uti martyr cobitur* (1). »

A la suite des décrets d'Urbain VIII, le culte ecclésiastique du Saint fut célébré sans conteste, avec la plus grande solennité, à Oberwésel et à Bacharach. Un siècle plus tard, l'archevêque électeur François-Georges, par une ordonnance du 1er janvier 1742, étendait à tout le diocèse de Trèves la fête de saint Vernier; et il insérait dans le *propre* du bréviaire au 19 avril, l'office du Saint, tel qu'il est récité aujourd'hui (2).

(1) *Elenchus*, déjà cité.
(2) V. *Pièces justific.* 1ro p. III.

CHAPITRE XV

Description de l'église de saint Vernier à Bacharach.

C'est en 1288, un an après la mort du Saint, que furent posées les fondations de la nouvelle église qui devait abriter son tombeau. A la tête de l'entreprise étaient le prince Rodolphe, fils et héritier (pour le Palatinat) du duc Louis II, surnommé le *Sévère*, et son jeune frère, le prince Louis qui devait être plus tard duc de Bavière et empereur d'Occident.

Selon le goût de l'époque, l'église de saint Vernier devait offrir aux regards des fidèles une sorte d'emblème de la Très-Sainte Trinité, à laquelle elle était principalement consacrée. Elle devait donc être en forme de *trèfle*, c'est-à-dire être composée de trois absides réunies à l'extrémité d'une nef unique et étroite (1).

Ce plan peut nous paraître bizarre, mais la pensée qui l'avait inspiré était profondément chrétienne et pleinement conforme au goût du moyen-âge. Les travaux commencèrent par l'abside ou chœur du midi, qui devait recevoir la châsse du Saint. En moins de cinq ans, cette abside fut terminée et son autel fut consacré, nous l'avons vu, en 1293, par l'évêque Hermann, auxiliaire de Cologne.

Trente ans plus tard, en 1324, l'abside principale, où devait être l'autel de la T.-Sainte Vierge, était terminée. C'est alors qu'eut lieu le vol des offrandes destinées à l'achèvement de l'édifice. Ce vol sacrilége

(1) L'inscription suivante que rapportent tous les anciens historiens, était gravée sur une des pierres de l'édifice:

TRIFOLIUM, SPECIEM GERENS IMAGINIS ALMÆ,
HOC TEMPLUM, DOMINO TRINO DOTATUR ET UNI,
ET TIBI CHRISTIFERÆ, CHRISTO, UTROCUMQUE JOANNI,
CUM SUPERNIS CIVIBUS, UT PANTÔN [1] PARCERE NOBIS [2]
HOC FACIET PRINCEPS [3], GLADIUS CUI PORTITUR [4] ANCEPS,
ET DUBITES MINIMÈ [5], FACTO REGNET SINE FINE.

1. *Pantôn*, abomnibus malis. — 2. Sous-entendu *velit*. — 3. Christus. — 4. *Portitur* pour *geritur*. — 5. Sous-entendu *qu'n*.

Traduction. Ce temple en forme de trèfle, symbole de l'auguste Trinité, est consacré au Dieu un en trois personnes, et à toi, Mère du Christ, au Christ, aux deux SS. Jean et à tous les habitants du ciel, pour que nous soyons préservés de tous maux. Il nous fera cette grâce, Celui (le Christ) devant lequel est porté le glaive à deux tranchants. Il règne, n'en doutez pas, pour les siècles des siècles.

arrêta longtemps les travaux et tarit, en partie du moins, la source des aumônes. Les travaux continuèrent néanmoins, par intervalles, pendant un siècle.

En 1426, les trois absides étaient terminées; et le cardinal-légat Jourdain des Ursins, fit consacrer en sa présence par l'évêque de Cavaillon, l'autel majeur sous le titre de l'Annonciation de la Vierge. Des reliques de saint Vernier furent déposées dans le tombeau de l'autel. L'autel de l'abside de l'ouest devait être placé sous le vocable des *deux saints* Jean, le précurseur et l'évangéliste.

La nef, à cette époque, n'existait qu'en partie, et nous avons vu le cardinal d'York, dans son diplôme du 3 janvier 1428, constater que l'édifice est inachevé et que les aumônes des fidèles sont plus que jamais nécessaires. A la suite de cet acte, à la suite aussi du procès de 1428, les travaux furent repris avec une nouvelle ardeur; et, en peu d'années, l'église fut achevée.

Elle était remarquable, moins par l'étendue de ses dimensions que par la solidité de sa structure, la belle qualité des matériaux employés, et le fini du travail. Tout l'édifice était en belle pierre de grès rouge, qui abonde dans la Basse-Allemagne ; les pierres étaient parfaitement taillées et bien unies. Le style était du plus pur gothique du XVe siècle ; voûtes et fenêtres en ogives. Vingt grandes fenêtres, divisées par des meneaux, remarquables de légèreté et d'élévation, laissaient pénétrer dans l'enceinte sacrée un jour abondant, tempéré par le coloris des vitraux.

En 1428, la châsse du Saint, jusque-là exposée à tous les regards, fut placée sous un arceau en maçonnerie creusé dans l'épaisseur du mur, près de l'autel, du côté de l'évangile; une forte grille la protégeait. Quelques années plus tard, cet arceau fut solidement muré, et une peinture à fresque fut jetée sur la muraille. Seule, une étroite ouverture permettait aux pélerins de faire toucher des linges ou des fleurs à la châsse du saint. Cette ouverture elle-même fut murée dans les premières années du XVIe siècle, lors de l'invasion du protestantisme.

La peinture murale qui recouvrait le saint tombeau, et fidèlement reproduite dans le grand ouvrage des Bollandistes, est divisée en deux plans ou parties séparées par une bande sur laquelle on lit une inscription que nous reproduirons tout-à-l'heure.

Sur le plan inférieur, on voit la chapelle du Saint, et, devant elle des pélerins agenouillés, les mains jointes tenant le chapelet, les yeux fixés vers cette chapelle, but de leur pélerinage.

Le plan supérieur présente un prêtre à l'autel. Autour de l'autel, des pélerins à genoux lèvent les yeux et les mains en signe d'admiration. Le prêtre élève la sainte Hostie qui apparaît environnée de rayons lumineux. Evidemment cette peinture a pour but de rappeler un fait extraordinaire arrivé dans la chapelle du Saint. L'inscription placée au-dessous est destinée à en donner l'explication; la voici :

AN. MCCCCXXXVII, FERIA VI POST NATALEM DNI, HIC EFFUSUS ET RECONDITUS EST *sanguis Christi ;* l'an 1437, le vendredi après Noël, a été répandu et renfermé ici *le sang du Christ.* — Le temps avait rendu illisibles les deux derniers mots *Sanguis Christi* que nous avons mis en *italique ;* mais, d'après certains indices, tels que quelques fragments de lettres parfaitement reconnaissables, on est en droit de supposer, et c'est l'opinion des Bollandistes, que ces mots sont réellement ceux qu'il faut lire. Ils s'adaptent fidèlement au vide laissé sur la bande et aux fragments de lettres demeurés intacts.

Il faut donc croire, avec ces grands écrivains, qu'au jour indiqué le prêtre, dans son émotion, laissa tomber du précieux sang sur le corporal, ou plutôt que la sainte Hostie suinta miraculeusement du sang. Cette dernière hypothèse paraîtrait justifiée par les rayons lumineux qui environnent cette Hostie.

Quelle que soit l'interprétation que l'on préfère, il faut admettre que le corporal, imprégné du sang divin, fut déposé dans le tombeau de celui qui avait versé son sang pour son divin Maître. Nous verrons en effet au chapitre suivant que lorsqu'on ouvrit la châsse du Saint, en 1621, on trouva par dessus ses ossements quelques parcelles de toile fine, distincte de celles des suaires, et semblable à celle que l'on emploie pour les corporaux.

Derrière la chapelle, du côté de la montagne, est une petite source appelée encore aujourd'hui : *la fontaine de saint Verner.* Nous n'avons vu nulle part

que l'origine de cette fontaine fut miraculeuse ; mais
la tombe du Saint placée tout auprès ne tarda pas à
communiquer à ses eaux une vertu surnaturelle. Les
pélerins en buvaient pieusement en invoquant saint
Verner ; elles servirent d'instrument à de nombreuses
guérisons, ainsi que nous l'avons vu constater au
procès de 1428.

Dans la seconde moitié du x vi⁰ siècle, le Palatinat
tomba au pouvoir des protestants. Alors, les habitants de Bacharach, entraînés, les uns par la force,
les autres par la nouveauté d'une religion plus com-
mode, quittèrent en grande partie le giron de l'Eglise
catholique.

Tel était cependant le respect des populations pour
saint Vernier, que sa tombe ne fut point profanée ;
son église même fut respectée ; les vitraux n'en furent
point endommagés ; et, lorsqu'en 1621, le marquis
de Spinola fit enlever le corps du Saint, ainsi que
nous le dirons plus loin, on voyait encore dans les
hautes fenêtres ogivales, le martyre du Saint représenté en « belle peinture ancienne. »

Forcément, le Saint-Sacrifice cessa pour un temps
d'être offert près du tombeau du Saint ; mais son
église ne fut pas pour cela complètement délaissée.
On voyait toujours de pieux fidèles, venus parfois de
bien loin, venir s'agenouiller, gémir et prier dans
son enceinte silencieuse, au pied de ses autels
dépouillés, dont aucune main sacerdotale ne venait
enlever la poussière.

La domination du protestantisme sur ces belles

contrées ne fut jamais complète, ni de bien longue durée. Bientôt il y eut à Bacharach assez de catholiques pour former une paroisse, à laquelle on assigna pour lieu de réunion l'église même de saint Vernier; les protestants étant demeurés en possession de l'église de saint Pierre. Le divin Sacrifice fut donc offert de nouveau dans l'église de notre Saint; mais les beaux jours de ce magnifique sanctuaire étaient passés pour longtemps; l'abandon et la ruine allaient commencer.

Dans le XVIIe siècle, le Palatinat subit toutes les horreurs de la guerre de Trente-Ans (1618-1648). Il fut envahi et ravagé tour à tour, par les Impériaux (1619-1623), par les Suédois (1630-1635), par les Français (1635-1648). Dans cette période de sinistre mémoire, la ville de Bacharach fut prise ou reprise huit fois, et livrée quatre fois au pillage. L'église du Saint servit successivement de caserne, de magasin, de forteresse aux divers belligérants; elle eut certainement à subir bien des dégradations partielles. Il ne paraît pas cependant que les dégâts aient été bien considérables, même de la part des Suédois protestants. Une gravure de 1645 (1), représentant Bacharach, nous montre, dominant la ville, l'église de saint Vernier parfaitement conservée, avec une tour élancée, surmontée d'un toit aigu.

Nous le disons à regret, mais la vérité inflexible

______

(1) Dans la *Topographie du Palatinat*, par le célèbre géographe Mathieu Mérian.

de l'histoire nous y oblige; les premières atteintes
graves contre l'antique sanctuaire de saint Vernier,
vinrent de la part des Français. En 1674 et 1688,
Louis XIV porta de nouveau la guerre dans le Palatinat, avec une cruauté et des excès qui infligent un
opprobre éternel à la mémoire de ce grand monarque.
En 1689, ses armées s'emparèrent de Bacharach,
qu'elles pillèrent. Elles firent ensuite sauter l'antique
château de Stahleck; et les débris, en tombant du
haut de la montagne, endommagèrent gravement
l'église de saint Vernier, et plus particulièrement
la toiture et les voûtes. Ce fut, pour cet édifice, le
commencement réel de la ruine.

Les catholiques de Bacharach, peu nombreux
encore, ne pouvaient supporter à eux seuls les frais
considérables qu'exigeait la restauration du vénérable sanctuaire. D'autre part, la contrée était pour
longtemps épuisée par suite des guerres. Cependant,
en 1725, la réparation complète de l'église de saint
Vernier fut sérieusement mise en projet; un devis
fut fait; il fut évalué à 1,500 florins. Pour des causes
qui nous sont inconnues, ce projet ne fut pas exécuté.
On peut cependant en attribuer en partie l'abandon
aux circonstances suivantes.

A la fin du xviie siècle, après les guerres, les PP.
Capucins, qui allaient partout où il y avait à lutter
contre le protestantisme, s'étaient établis à Bacharach
près des bords du Rhin. Leur église avait été
terminée et livrée au culte en 1709. Quelques esprits
étroits et parcimonieux trouvèrent sans doute que

cette église d'un accès facile suffisait amplement
aux fidèles pour l'accomplissement de leurs devoirs
religieux, et qu'il n'était point nécessaire de réparer
à grands frais une église située hors de la ville, dans
un site moins accessible. De fait, quelques années
plus tard, l'église des PP. Capucins devenait paroissiale.

En 1752, sous le prétexte d'un affaissement des
fondations de l'église de saint Vernier, affaissement
pouvant amener, disait-on, la chûte d'une partie de
l'édifice, la nef de cette église fut abattue, avec le
beau portail faisant face au grand escalier qui
conduisait de la ville au sanctuaire. Avec les pierres
enlevées, on construisit une chapelle dans l'intérieure
de la ville. Les deux absides du levant et du midi
demeurèrent à peu près intactes; et le service divin y
fut continué jusque vers 1780. En 1787, les voûtes
et la toiture de ces deux absides menaçaient ruine;
au lieu de les réparer, on les enleva; il n'en resta
plus que les murailles.

On jugera de la beauté que devait avoir l'église de
saint Vernier, aux jours de sa splendeur, par la
description que nous fait de ses ruines une feuille
pleine d'autorité en matière d'architecture (1).

« L'église de S. Verner, dit cette feuille, appartient
au style *allemand* (gothique), et se distingue d'un
grand nombres d'autres du même style, par la pureté

(1) *Kolner Domblatt* — Feuille de la cathédrale de Cologne.
N° du 28 juin 1846.

de l'exécution. C'est un monument de premier ordre, et qui mérite de prendre place après la cathédrale de Cologne. Si les temps devenaient meilleurs, on devrait certainement, ne fut-ce que par amour des arts, en entreprendre la restauration. Son plan offre la figure d'une croix. L'abside principale, orientée au levant, et l'abside du sud, bâties en pierres de grès rouge sculptées, sont presque entièrement conservées. Ces deux absides ont, chacune, 30 pieds de largeur à l'intérieur, et 36 pieds de profondeur. Elles ont chacune sept hautes fenêtres du plus beau travail. Au dehors, entre ces fenêtres, sont des contreforts qui se terminent en obélisque élancé. Les gargouilles, encore très bien conservées, et représentant diverses figures d'animaux, sont remarquables. L'abside du nord est plus courte, et très simple, où, pour mieux dire, n'est pas terminée. Au couchant se trouve une tour ronde simple et étroite. Elle n'a plus, ce semble, sa hauteur primitive. Vraisemblablement, elle devait renfermer l'escalier qui conduisait à la tribune de l'orgue, et de là sur le toit de l'édifice...

« Si nous recherchons qu'elles ont pu être les causes du triste abandon d'un si beau monument, nous ne pouvons en comprendre la possibilité qu'en nous rappelant qu'au temps où l'église de S. Verner partagea le sort de tant d'autres monuments; on avait complètement perdu l'intelligence et le sentiment des créations du moyen-âge, que l'on admire tant aujourd'hui. »

Ainsi, de la belle église construite par les comtes Palatins, il ne reste aujourd'hui que des murs ; mais ces murs magnifiques encore dans leur nudité, se dressent fièrement sur la colline, pour rappeler à tous la foi des siècles passés et l'antiquité du culte de saint Vernier.

Si la population catholique de Bacharach a été impuissante à préserver de la ruine l'église du saint martyr, elle n'a pas, du moins, laissé tomber dans l'oubli sa mémoire vénérée. Le culte de saint Vernier est aujourd'hui plus vivace que jamais dans la petite ville. Le sceau actuel de la paroisse nous présente l'image du Saint, tenant de la main droite un couteau et de la gauche une palme. Au-dessus de l'arceau qui sépare le sanctuaire de la nef, dans l'église paroissiale, est représenté, en grandeur plus que naturelle, l'apothéose du saint. Enfin, à défaut du corps du Saint, enlevé à Bacharach en 1621, ainsi que nous le dirons au chapitre suivant, les fidèles vénèrent un fragment de l'antique châsse de bois, dans laquelle reposa ce saint corps. Ce fragment parfaitement authentique, est religieusement conservé dans un reliquaire.

CHAPITRE XVI

Les reliques de saint Vernier sont transportées en divers lieux.

Dès les premiers temps de la Réforme, au commencement du xvie siècle, les catholiques de Bacharach songèrent à préserver de toute atteinte le corps de saint Vernier. Par leur soin, la petite ouverture grillée par laquelle on faisait toucher au saint tombeau des fleurs et des linges fut mûrée si exactement qu'il était impossible même de découvrir si elle avait existé. Avec le temps, le souvenir de l'endroit précis du temple où reposait le saint corps s'était complètement effacé de la mémoire des peuples. Tout ce qu'ils savaient, c'est que ce saint corps n'avait point été enlevé pendant la guerre de *Trente-Ans*.

En 1620, le Palatinat fut occupé par Ambroise Spinola, marquis de Sesto, conseiller d'Etat de Sa Majesté catholique, capitaine-général des armées impériales. L'empereur pour témoigner sa reconnaissance à Spinola, lui fit offrir les plus hautes récompenses; ce dernier les refusa toutes.

Pour toute faveur, il demanda de pouvoir emporter le corps du saint martyr Verner, dont il avait entendu louer la sainteté, le martyre et les miracles; sa demande fut exaucée.

Spinola vint à Bacharach, le 3 octobre 1620; la chapelle de saint Vernier était vide et dépouillée, et nul dans le pays ne sut indiquer le lieu précis où reposait ses précieux restes. Muni de la permission du Nonce apostolique à Cologne, Nicolas Albergati, Spinola confia le soin de rechercher le corps du Saint à un de ses officiers, le capitaine Tourlandt, et à deux jésuites: le P. Corneille Médard et le P. Thomas Sailly, supérieur des chapelains de l'armée impériale.

Ces derniers firent faire des fouilles en divers endroits de la chapelle; elles furent infructueuses. Ils firent alors frapper sur toutes les murailles, en observant attentivement le son qu'elles rendaient sous le choc. Le son, ayant paru moins mat en un certain point, ils firent desceller, ou plutôt briser à coups de ciseaux une des pierres taillées. Il en coûta bien des efforts, mais ils furent couronnés de succès. La pierre ayant été enlevée, un petit caveau apparut. L'ouverture fut agrandie; et bientôt on put voir le corps du Saint, tel que le dépeignaient les procès-verbaux de la dernière translation en 1426. Sa tête reposait sur un coussin de soie, rempli de fleurs desséchées. Ces fleurs étaient là depuis près de deux cents ans: le temps avait pu les flétrir, mais Dieu leur avait laissé tout leur parfum; on pouvait les res-

pirer comme au premier jour. Avec les saints ossements, on trouva un fragment de palme, quelques
morceaux de cire, des pièces de suaire en toile forte
et en toile cirée ; puis, sur la poitrine du Saint, des
débris d'une toile très fine, pareil'e à celle dont on se
sert pour les corporaux. (1).

Il n'y avait pas à douter de l'authenticité du corps
du saint. Les fidèles qui se trouvaient là allumèrent
des cierges et se mirent en prières, pendant que les
deux religieux recueillaient des reliques. Ils placèrent la tête dans un reliquaire à part, avec le coussin
plein de fleurs enbaumées sur lequel elle avait re-
posé si longtemps. Tous les autres ossements furent
placés ensemble dans une autre châsse. Pour que le
pays ne fut pas complètement privé des reliques du
saint, le marquis Spinola en donna quelques ossements au collége des Pères Jésuites de Mayence, à la
condition qu'une partie serait rendue à Bacharach,
lorsque le culte catholique y serait établi. Les châsses
furent ensuite scellées, et des procès-verbaux de
tout ce qui s'était passé furents faits en bonne forme.
Ils furent signés par les PP. Sailly et Médard, jésuites; par le P. Médard Robillartz, de l'Ordre de
saint Benoît et par plusieurs autres témoins.

Les religieux qui avaient prêté leur concours à
la piété du marquis Spinola, n'oublièrent point de
satisfaire leur piété personnelle, ils gardèrent pour
eux quelques reliques du saint et les emportèrent en
Belgique.

(1) Voir ce que nous avons dit précédemment, Chap. XV, p.

Le P. Corneille Médard donna à la maison des PP. Jésuites d'Anvers, une dent de Saint Vernier, avec l'attestation suivante :

« Je soussigné, prêtre de la Compagnie de Jésus, ayant été chargé par S. Exc. le marquis de Spinola, général des armées impériales dans le Palatinat, de rechercher le corps de saint Verner, martyrisé à l'âge de quinze ans, et l'ayant retrouvé, j'ai gardé pour satisfaire ma dévotion particulière, certaines parties de ses reliques, entr'autres cette dent que je donne bénévolement au R. P. Joseph Tirin, supérieur de la maison professe de notre Société. En foi de quoi, j'ai écrit et signé de ma main la présente attestation. Fait à Bruxelles, le 14 juillet 1621, — Corneille Médard, S. J. »

Les Bollandistes nous assurent que, de leur temps, on gardait précieusement à Anvers dans un magnifique reliquaire, contenant des reliques de plusieurs saints martyrs non pontifes, la dent de saint Vernier donnée par le P. Médard. Il est fait mention expresse de cette relique dans un catalogue de toutes les reliques vénérées chez les PP. Jésuites d'Anvers. Ce catalogue, dressé par les soins du R. P. Jean de Tollenare, alors recteur de la maison, fut approuvé par l'évêque d'Anvers, Jean Malder, le 30 octobre 1625.

Le P. Thomas Sailly donna à la chapelle particulière du noviciat de la même maison d'Anvers, l'os du genou de saint Vernier.

Les reliques du saint demeurèrent en Belgique tant que vécut le marquis Ambroise. Après sa mort, arrivée en 1630, ses fils donnèrent des ordres pour que tous les objets précieux, laissés en Belgique par leur père, fussent apportés à Gênes, où était le berceau de leur famille. Les châsses contenant le corps de saint Vernier furent donc dirigées de ce côté. A Lille, elles furent exposées quelques temps à la vénération publique, dans l'oratoire de Jean-Paul Pessimi, conseiller de S. M. l'empereur, maître de la Cour des Comptes de Flandre. A la prière de ce gentilhomme, une côte du saint fut extraite de la châsse par Louis Fardeau, protonotaire apostolique, chanoine de la collégiale de Lens en Artois. Cette précieuse relique fut donnée, en 1644, aux PP. Carmes-Déchaussés de Lille, qui l'exposèrent dans leur église, avec la permission de l'Ordinaire.

A part ces fragments du corps de saint Vernier, religieusement conservés à Mayence, Anvers, Bruxelles et Lille, tout ce qui restait de ses reliques fut emporté à Gênes par les gens de la famille Spinola; et, depuis cette époque (1644), la trace de ces précieuses reliques s'est malheureusement perdue.

Les premiers possesseurs des reliques furent longtemps éloignés, pour le service de l'État, du lieu de leur résidence; ils moururent généralement loin de Gênes. Ces circonstances amenèrent la perte des titres pouvant établir l'identité du saint corps. Jusqu'en 1673, les Bollandistes firent d'actives recherches en Italie pour en suivre les traces; ces recherches furent inutiles. Conjecturant alors que le corps du saint avait été transporté de Gênes en

Espagne par le cardinal Spinola, fils du marquis Ambroise, et archevêque d'abord de Compostelle, puis de Séville, ils écrivirent en Espagne. Leurs premières démarches n'ayant pas abouti, ils ne jugèrent pas à propos de les renouveler.

On croit en Allemagne que les précieux restes de saint Vernier sont encore à Gênes, dans l'église de l'Annonciade, confondues avec d'autres reliques.

Deux siècles et demi se sont écoulés depuis la dispersion des restes vénérés de saint Vernier; et, pendant ce laps de temps, le monde a vu bien des bouleversements religieux et politiques. Si les reliques du Saint n'ont pas été détruites, si elles existent encore dans quelque sanctuaire d'Espagne ou d'Italie, il nous paraît bien difficile de pouvoir établir avec certitude leur identité.

CHAPITRE XVII.

Du culte et de la chapelle de saint Vernier à Oberwésel, lieu de son martyre.

Le culte du saint à Oberwésel remonte à l'époque même de son martyre. Toutefois, les actes anciens relatifs à ce culte, ont à peu près disparu; nous n'avons pu retrouver que les actes du siècle dernier.

En 1728, le Conseil municipal d'Oberwésel supplia l'achevêque-électeur de Trèves, François-Georges, de vouloir bien déclarer la fête de saint Verner, fête d'obligation *pro foro et choro* (c'est-à-dire : avec cessation obligatoire des œuvres serviles, et devoir d'assister à la messe), pour la ville et le territoire d'Oberwésel. Le prélat acquiesça à leur demande le 13 septembre de la même année.

En 1742, le 1ᵉʳ janvier, le même prélat, à la demande du Curé Prim, au nom de toute la population d'Oberwésel, étendit la fête de saint Verner à tout le diocèse de Trèves.

En 1756, le 15 mars, l'autorité archiépiscopale décréta pour Oberwésel que, lorsque le 19 avril coïnciderait avec l'octave de Pâques, la fête du Saint serait renvoyée au premier jour libre après le dimanche *in albis.* Cette ordonnance fut renouvelée le 9 avril 1759.

En 1769, le 13 novembre, l'archevêque-électeur Clément Venceslas, voulant établir l'uniformité dans tout son diocèse, supprima toutes les fêtes qui n'étaient chômées que dans certaines paroisses. La fête du Saint, à Oberwésel, fut comprise dans cette ordonnance. Toutefois, à la prière du clergé et des habitants d'Oberwésel, le prélat, par une ordonnance du 2 avril 1770, décréta qu'au 19 avril, dans cette localité, la messe et les offices seraient chantés comme par le passé, et que la procession solennelle aurait lieu, bien que la fête ne fut plus d'obligation.

Cette ordonnance ne satisfaisait qu'à moitié les pieux désirs des habitants. Aussi, l'Archevêque, par une ordonnance du 22 février 1771, décréta que, dans la ville et le territoire d'Oberwésel, la fête de saint Vernier serait à perpétuité transférée au dimanche qui suit immédiatement le 19 avril; et au deuxième dimanche après Pâques, lorsque le 19 avril se trouverait dans l'octave de la Résurrection. En même temps, le prélat sanctionnait l'ancien usage de porter solennellement le Très-Saint Sacrement en procession, de l'église de saint Martin, à la chapelle de saint Verner, au soir de la fête. Cette double ordonnance est encore aujourd'hui en vigueur.

La chapelle du Saint à Oberwésel, construite sur le théâtre même de son martyre, était, comme sa sœur de Bacharach du style ogival. Comme celle-ci, elle a subi les injures du temps, et les injures plus cruelles de la malice des hommes.

Jusqu'à la fin du XVIIIe siècle, elle fut toujours vénérée, toujours fréquentée par la multitude des pélerins; elle avait échappé providentiellement aux ravages de la guerre de Trente-Ans. L'occupation française, dans les premières annnées de notre XIXe siècle, lui fut fatale; elle fut alors en partie détruite. Le chœur seul demeura debout, mais pour être employé à de vulgaires usages. Les habitants du voisinage s'en servaient comme de cellier, pour y entreposer leurs vieilles futailles, leurs cuves, tonneaux, etc...; cet état de choses dura trente-cinq ans.

En 1844, le doyen Klutsch fit restaurer ce chœur profané, et le rendit à sa destination primitive; le 19 avril 1845, il eut la consolation d'y offrir le saint Sacrifice. L'année suivante il rétablit l'antique procession de saint Verner, forcément supprimée pendant tout le temps de l'humiliation de sa chapelle.

Cette chapelle, bien que fort convenablement restaurée, est trop étroite pour contenir la multidude des fidèles qui accourent à Oberwésel au jour de la fête du Saint; aussi les offices sont-ils solennellement célébrés dans l'église paroissiale de Saint-Martin. Mais le soir, après les vêpres, la procession traditionnelle se dirige vers l'antique chapelle. Suivant l'usage séculaire, le Très-Saint Sacrement y est porté en grande pompe; les enfants l'environnent, vêtus de blanc, tenant en main des lys et des couronnes; le

chœur chante les litanies, après lesquelles le célébrant
dit l'oraison du saint. La bénédiction du Saint-
Sacrement est donnée dans la chapelle. Touchant
usage qui unit dans un même hommage le mystère
Eucharistique et le jeune Saint qui trouva dans sa
participation à ce mystère le courage du martyre, et
dont le martyre même commença au jour anniversaire
de l'institution du mystère auguste de nos autels; on
voit dans cette même chapelle un très ancien tableau
représentant le martyre du Saint. Il est représenté
attaché au poteau, la tête en bas, le corps tout couvert
de sang et de blessures. Sur un des côtés du chœur
est une statue du Saint, en costume de travailleur, la
serpette à la main. Le tableau de l'autel actuel est
tout moderne; il représente le Saint sous les traits
d'un gracieux adolescent, partant en sautoir une
panetière; de la main gauche il tient la palme du
martyre; de la droite un calice surmonté de l'hostie;
touchante allusion à la communion pascale qui
précéda immédiatement son martyre

Sur la façade de la chapelle, une sculpture sur
pierre, en relief, représente ce martyre, comme dans
le vieux tableau qui est à l'intérieur. Au-dessus, on
lit cette antique inscription : *St-Werner, patron
unsser Stat, der armen, und vor Obrigkeit Klagender,*
c'est-à-dire : saint Werner, patron de notre ville,
des pauvres et des opprimés (1). Au-dessous une

(1) Nous avons fidèlement reproduit l'inscription avec
son orthographe primitive et défectueuse. Le sens en est très
clair; cependant les derniers mots : *vor Obrigkeit Klagender,*
signifieraient littéralement : ceux qui ont à débattre par
devant la justice.   10.

autre inscription rappelle en peu de mots la vie et le martyre du Saint.

Dans l'église de Saint-Martin est un tableau tout à fait semblable à celui qui est dans la chapelle de saint Werner.

La procession annuelle d'Oberwésel se fait toujours avec la même solennité que par le passé, et on y remarque d'année en année un bien plus grand nombre d'hommes.

CHAPITRE XVIII

Du culte de saint Vernier en Franche-Comté et en Bourgogne.

Nous avons vu l'archevêque de Besançon, Thibaud de Rougemont, venir en pélerinage au tombeau de saint Vernier, en 1428. Ce pieux prélat et les ecclésiastiques de sa suite propagèrent en Franche-Comté le culte du pieux martyr. Les vignerons le choisirent pour leur patron spécial; une confrérie sous son invocation fut établie dans l'église collégiale et paroissiale de Sainte-Madeleine, à Besançon.

Le culte du saint devenant de jour en jour plus populaire, la confrérie désira vivement posséder quelque relique de son saint patron. Poussé par le vœu de ses concitoyens et par sa piété particulière, un chanoine de Sainte-Madeleine, nommé Jean Chuppin, fit tout exprès le voyage de Bacharach, en 1548, pour s'en procurer. L'entreprise était difficile, car les magistrats de Bacharach gardaient alors avec un soin jaloux le corps de leur compatriote. Cependant, par le crédit d'un ancien gouverneur de Besançon, avec lequel Jean Chuppin s'était lié d'amitié, sa demande fut accueillie favorablement par le légat du Saint-Siége en Allemagne, par Jean d'Isembourg, archevêque de Trèves, et par le comte palatin, Frédéric, électeur du Saint-Empire. Les gardiens de la chapelle du Saint ne purent rien refuser à de si hautes recommandations, et l'heureux chanoine de Sainte-Madeleine obtint l'index de la main droite de saint Vernier et un fragment considérable de son suaire encore teint de son sang.

Jean Chuppin revint en toute hâte à Besançon. Cette ville avait alors pour archevêque Mgr Claude de la Baume; mais, vu le jeune âge de ce prélat, le diocèse était administré par un évêque auxiliaire, Mgr François Bonvalot. Ce dernier reconnut l'authenticité des reliques apportées par le chanoine Chuppin, et permit de les exposer à la vénération publique dans l'église de Ste-Madeleine. Il accorda aussi quarante jours d'indulgence à tous les fidèles qui les honoreraient soit par leurs prières soit par leurs offrandes.

La translation solennelle et l'installation des reliques eut lieu le mardi de *Quasimodo*, deuxième mardi après Pâques, de l'année 1548, et c'est en mémoire de cette translation que la fête du Saint demeura fixée, pour la Franche-Comté, à ce même jour.

Un beau reliquaire, dû à la générosité des chanoines et des paroissiens de Sainte-Madeleine, aussi bien qu'aux oblations de la confrérie de saint Vernier, renferma avec honneur les saintes reliques. Dans les supplications publiques, le suaire du saint était solennellement porté en procession.

La confrérie de saint Vernier devint de jour en jour plus florissant; elle avait ses statuts, ses chefs, de nombreuses réunions. Dans ces assemblées la quête se faisait avec un bassin creux, en cuivre repoussé, d'un beau travail, représentant les deux Israélites apportant à Moïse le raisin de la terre-promise; on l'appelait le plat de saint Vernier (1).

La confrérie célébrait en grande pompe le fête de son saint patron, le mardi de *Quasimodo*. Le panégyrique du saint était prononcé par un ecclésiastique, membre de la confrérie. Ce jour-là, à la réunion, on plaçait sur une table, dressée près d'un pilier de l'église, une grande coupe pleine de vin. Le prêtre après la messe le bénissait solennellement, puis chaque confrère venait religieusement en boire quelques gouttes.

L'office récité ou chanté par la confrérie et par les chanoines de Sainte-Madeleine au jour de la fête de saint Vernier, était pris au *Commun* d'un martyr pour le temps pascal, avec des leçons propres, tirées de l'antique légende du Saint. Ces leçons se terminaient ainsi : « Que Dieu donc, Père des miséricordes et

(1) On voit au musée de la ville de Clermont-Ferrand, un plat antique en cuivre repoussé, à peu près pareil au *plat de saint Vernier*, de Besançon. Bien qu'il ne porte aucune inscription, nous conjecturons qu'il a dû appartenir à quelqu'une des nombreuses confréries de vignerons qui existaient autrefois en Auvergne. Il est dans la première salle, n° 281.

Dieu de toute consolation, daigne favoriser de ses bénédictions cette cité (de Besançon), ornée dès les temps anciens des souvenirs d'un grand nombre de saints, et maintenant enrichie des reliques de *ce très saint martyr Vernier !* Qu'il nous accorde d'honorer et d'invoquer de telle sorte ce même saint martyr, que nous puissions toujours ressentir l'efficacité de son intercession, par le Christ Jésus, notre Sauveur (1). »

Le pape Alexandre VII, par un bref du 6 juin 1655, et, après lui, Innocent XI, par un bref du 10 décembre 1684, enrichirent la confrérie de saint Vernier à Besançon, de très nombreuses indulgences (2).

Favorisée par les Souverains Pontifes, protégée par les archevêques de Besançon, honorée par les magistrats de la cité, la confrérie de saint Vernier contribua puissamment à conserver dans la classe

---

(1) ... « Deus itaque qui Pater misericordiarum est et Deus totius consolationis, hanc civitatem quæ jam multorum sanctorum monumentis ornata, novissimè hujus sanctissimi martyris Vernerii reliquiis locupletata est, benedictione sua fœcundet, concedatque ut eumdem sanctum martyrem ità colamus invocando, ut illius semper præsidia percipiamus orando, per Christum Jesum Salvatorem nostrum. » — *Tiré des anciens Bréviaires de l'égl. de Ste-Madeleine, et des Manuels de la confrérie.*

(2) Le bref d'Alexandre VII est reproduit dans tous les anciens manuels de la Confrérie. — Celui d'Innocent XI, qui existe encore en original, est reproduit à la fin du t. IV de la *Vie des Saints de Franche-Comté.*

des vignerons l'amour de la foi et la fidélité aux pratiques religieuses.

Unis par les liens de la foi et de la charité, les confrères de saint Vernier gardèrent longtemps une haute idée de leur profession, et jouèrent un rôle important dans l'administration de la cité. La ville de Besançon, divisée autrefois en sept *bannières*, en comptait trois dans les quartiers habités par les vignerons; celles de Battant, de Charmont et d'Arènes (1).

A la fin du siècle dernier, dans les fureurs de la révolution, la relique du Saint fut détruite; ou du moins, elle disparut sans que depuis on ait pu la retrouver. La chapelle du Saint fut dévastée; les réunions de la Confrérie cessèrent. Heureusement quelques monuments du culte de saint Vernier, et ce

(1) La haute idée que les vignerons bisontins avaient de leur état, est exprimée d'une façon originale, entr'autres dans ce couplet d'un vieux Noël en patois :

> Lou père Noué bon offant
> Plantet lai nouéble veigne.
> Y fesa tout comme nous fans.
> Lou pas su la metié nous ans.
> En Comté, en Espaigne,
> Et las bé premié nous marchans
> Même dans l'Ollemaigne.

Le père Noé bon enfant, — planta la noble vigne; — Il ferait tout comme nous faisons. — Nous avons le pas sur les métiers, en Comté, en Espagne, — Et nous marchons les beaux premiers, — Même dans l'Allemagne.

culte lui-même, survécurent à la tempête. Les vieux registres de la Confrérie, le bref d'Innocent XI, l'antique légendaire, la statuette du Saint tenant en main la serpette, le *plat de saint Vernier* furent sauvés du naufrage.

Dès l'année 1804, au jour traditionnel du mardi de *Quasimodo*, la Confrérie se réunît de nouveau, et recommença à célébrer la fête de son glorieux patron. Ce jour-là, le portail de l'église de Sainte-Madeleine fut orné de guirlandes de buis, entourant l'image du saint. On vit reparaître l'antique statuette si vénérée, et le *plat de saint Vernier*. Le vin fut béni dans la coupe, comme aux temps anciens; et, en signe de fraternité, chaque confrère vint y tremper ses lèvres. Tous ces usages se sont continués jusqu'à l'heure présente. La fête de saint Vernier est célébrée chaque année à Besançon dans l'église de Sainte-Madeleine et dans un certain nombre de localités du diocèse, comme fête solennelle de Confrérie. Le prêtre chante la messe *Protexisti* du commun des martyrs dans le temps pascal.

La chapelle du Saint, dans l'église de Sainte-Madeleine, a été restaurée avec goût, aux frais de la Confrérie. L'autel est orné d'un tableau remarquable représentant le martyre du Saint. Sur l'autel, on lit cette inscription : S. Vernerio Martyri, Viticolæ Bisuntini (*à S. Vernier martyr, les vignerons de Besançon*).

Il existe aussi une florissante Confrérie de saint Vernier à Vuillafans (Doubs). Les vignerons de cette

localité ont érigé, il y a quelques années, sur la place
publique au milieu du bourg, une belle statue du
saint martyr.

A Poligny, sous-préfecture du Jura, diocèse de
Saint-Claude, dans la belle église paroissiale dédiée
à saint Hyppolite, un des autels est consacré à saint
Vernier. Le tableau de cet autel représente le Saint
travaillant à la vigne. L'antique confrérie du Saint,
désorganisée par la révolution, a été reconstituée il y
a quelques années.

Il n'est presque pas d'église dans les pays vignobles
des départements du Jura (diocèse de Saint-Claude),
du Doubs et de la Haute-Saône (diocèse de Besançon),
qui n'ait ou un autel sous le titre de saint Vernier,
ou tout au moins, une statue du Saint.

Quand à la Bourgogne, le culte de saint Vernier
y est, de temps immémorial, très répandu dans tout
le Beaunois (pays de Beaune) et dans tout l'Auxois
qui forme aujourd'hui l'arrondissement d'Avallon
(département de l'Yonne, diocèse de Sens), et l'arrondissement de Semur (département de la Côte-d'Or,
diocèse de Dijon). Dans tous ces pays, les vignerons
honorent généralement saint Vernier comme leur
patron ; la tradition est qu'ils ont reçu son culte de la
Franche-Comté et de l'Auxerrois. Avant la révolution, il y avait dans ces pays un grand nombre de
confréries et de sociétés de secours mutuels sous le
patronage de saint Vernier. Il en existe encore
quelques-unes en divers lieux, notamment à Beaune,
à Semur-en-Auxois, où les vignerons célèbrent la

fête du saint le 3 janvier, à Chassagne, à Nan-sous-
Thil, etc. Dans l'église de cette dernière localité, on
a érigé au Saint une belle statue en 1877.

Par suite de la perte des anciens registres des confréries de saint Vernier, il est bien difficile, pour ne
pas dire impossible, de préciser l'époque à laquelle
le culte du Saint s'étendit en Bourgogne. Importé
de la Franche-Comté, dans le courant du xvie siècle,
il dut devenir plus populaire à la fin du xviie siècle,
à la suite des décrets de Louis XIV (1662) permettant d'exporter les vins de Bourgogne par la
Meuse et la Moselle. Il s'établit ainsi des rapports
directs de transaction entre les vignerons bourgui-
gnons et les négociants de Bacharach. Cette ville,
où avait commencé le culte de saint Vernier, était
pour l'Allemagne l'entrepôt général des vins français (V. *Introduction,* § V.)

L'auteur du *Livre de la confrérie de saint Vernier*
(Beaune, 1841), à défaut des documents anciens
qui avaient disparu, interrogea les vieillards qui
avaient été témoins du culte du Saint avant la révolution française. « Ils se rappellent, disent-ils, que dans
le siècle dernier, la confrérie de saint Vernier à
Beaune, était dans un grand état de splendeur, tant
par le nombre et la piété des associés qui la composaient, que par la solennité avec laquelle la fête de
leur glorieux patron se célébrait le 19 avril, en l'é-
glise paroissiale de Sainte-Madeleine (*renversée par
la révolution*)..... Détruite ainsi que toutes les autres
confréries, l'association de saint Vernier fut réorga-

nisée en 1817 par quelques anciens membres, Mgr Reymond, évêque de Dijon, l'approuva et dès l'année 1820, la fête du Saint fut de nouveau solennellement célébrée, dans la belle église de Notre-Dame (1). »

On lira aux pièces justificatives, à la fin du volume, la copie de pièces extraites des archives épiscopales de Dijon, concernant la confrérie de Beaume; et des extraits d'un régistre de la confrérie de Semur, conservé aux archives départementales de la Côte-d'Or.

(1). Livre de la conf. de saint Vernier, martyr, patron des vignerons de la ville de Beaume — Beaume, 1841.— p. 3, 6 et 7.

CHAPITRE XIX

Du culte de saint Verny en Auvergne. — Confrérie de saint Verny à Brioude.

Saint Vernier est honoré en Auvergne sous le nom de *saint Verny*; les deux noms désignent le même personnage, nous l'avons surabondamment prouvé dans notre *Introduction*.

A quelle époque le culte de saint Vernier a-t-il été introduit en Auvergne? Bien des fois cette question nous a été posée; et nous n'avons pu y donner une réponse pleinement satisfaisante. Le silence des auteurs sur ce point: la perte ou la dispersion des documents qui auraient pu nous fixer, nous laissent à nos conjectures.

Il est hors de doute que le culte de saint Vernier était répandu en Auvergne, dans la seconde moitié du xviie siècle. Ainsi, les registres de la confrérie de saint Verny à Brioude nous apprennent que la dite confrérie fut établie en 1672. Mgr de Veny d'Arbouze, évêque de Clermont, mentionne, en 1675, une confrérie sous le même titre, existant dans l'église paroissiale de Saint-Adjutor, à Clermont. Son successeur, Mgr Bochart de Saron, en 1698, mentionne des *autels, fêtes* et *confréries* de *saint Verny* à Ceyrat, Authezat, Beaumont et Montferrand (1). Indubitablement, avant ces dates, saint Vernier était connu et vénéré en Auvergne. Les deux évêques que nous venons de nommer mentionnent simplement, comme antérieures à la date de leur visite, l'existence des confréries de saint Verny ou la célébration de sa fête; nous ne lisons pas qu'ils aient eu à faire acte d'autorité pour les instituer ou les approuver ; nous ne voyons même nulle part qu'ils rappellent, comme ils le font pour d'autres confréries ou fêtes, l'époque peu reculée de leur institution. Le premier établissement des confréries et de la fête de saint Verny est donc certainement antérieur aux dates de 1672 et de 1675, que nous venons d'indiquer.

En 1715, ceux qui renouvelèrent la confrérie de saint Verny, à Saint-Amand-Tallende, parlent du zèle et de la dévotion de leurs devanciers pour *saint Vernaire* « qu'ils ont *de tout temps* pris pour leur patron (2). » Cette expression: *de tout temps*, donne à entendre que plusieurs générations se sont succédées, depuis l'introduction du culte du Saint.

L'histoire nous apprend que, dans le moyen-âge, les Bénédictins de Lavoûte-Chilhac firent venir de Beaune des plants de vigne qui se propagèrent rapi-

(1). V. aux pièces justificat. relat. à l'Auvergne: n^os^ I, II, A; IV, A; V, et IX.

(2) V. *Id.* n° XII.

dement et enrichirent les rives de l'Allier (1). Peut-être faut-il voir dans ce fait une des causes de l'introduction ou de l'accroissement du culte de saint Vernier en Auvergne. Dès cette époque, les vignes de Beaune étaient sous le patronage du Saint, et sa fête était célébrée en grande pompe dans cette ville. La venue en Auvergne de ces fameux plants qui allaient être pour le pays une source de richesse, dut contribuer à faire connaître et à populariser le nom de celui sous la protection duquel ils avaient enrichi la Bourgogne.

Quoiqu'il en soit, le culte du Saint ne doit s'être bien généralisé en Auvergne que dans le cours du xviie siècle, après les décrets d'Urbain VIII qui mettaient désormais ce culte au-dessus de toute contestation. La translation du corps de saint Vernier à travers la France, peu d'années après ces mémorables décrets, dut populariser davantage en nos pays son nom et son culte. Enlevé à Bacharach en 1621, ce saint corps était demeuré en Belgique jusqu'en 1645. Il fut alors, par les soins des héritiers du marquis de Spinola, transporté à Gênes, en Italie; le cortége traversa la France entière. A cette époque, les moyens de locomotion n'étaient ni si nombreux, ni si rapides que de nos jours; le voyage prit donc un temps relativement considérable. On allait à petites journées ; on stationnait dans certaines villes, et

(1) V. *L'Auvergne au moyen-âge*, par M. Dominique Branche, de Paulhaguet.

pendant le séjour le saint corps était exposé à la vénération des fidèles. A cette occasion, la vie de saint Vernier, imparfaitement connue auparavant, était racontée aux populations; sa renommée allait grandissant. En Auvergne, comme en Bourgogne, les vignerons, heureux et fiers de voir environné de tant d'honneur, un saint sorti de leurs rangs, l'adoptèrent avec enthousiasme pour patron.

C'est donc, selon toute probabilité, dans le milieu du XVII⁰ siècle que l'on vit se multiplier, dans les pays vignobles d'Auvergne, les autels et les confréries de saint Vernier, et que la fête du Saint commença à être célébrée avec grande pompe. On chantait la messe en son honneur; sa statue était portée triomphalement.

Aujourd'hui encore, malgré le malheur des temps et l'affaiblissement général de la foi, la fête de saint Vernier est célébrée par les vignerons, dans une grande partie de l'Auvergne, le dimanche qui suit le 20 mai. Mais il n'y a, croyons nous, qu'une solennité extérieure, sans autre culte ecclésiastique que l'honneur rendu à la statue du Saint, et la procession à laquelle est portée cette statue.

Répandu dans toute la Limagne, le culte de saint Vernier est particulièrement populaire dans l'arrondissement d'Issoire, et plus spécialement dans le Lembron (1).

(1) A Issoire, la fête du Saint, abandonnée un peu avant 1840, fut célébrée de nouveau en 1848, pour être abandonnée peu d'années après. Le grotesque de la statue du Saint, et les

Au centre du département, nous devons mentionner spécialement la ville de Billom, où le culte du Saint, interrompu pendant quelques années, a été solennellement relevé tout récemment, dans la paroisse de Saint-Cerneuf.

La ville de Clermont avait autrefois, nous l'avons fait remarquer, une confrérie de saint Vernier, établie dans l'antique église de Saint-Adjutor. Après la révolution, cette église ayant été détruite, la confrérie fut rétablie dans l'église paroissiale de Saint-Eutrope, où elle a subsisté jusqu'en ces derniers temps, se signalant par un usage tout singulier. Lors de la grande fête annuelle de Notre-Dame-du-Port, le dimanche après le 15 mai, les fidèles de Saint-Eutrope portaient à la procession les statues des saints honorés dans leur église; et les confrères de saint Vernier ne manquaient pas d'y porter la statue de leur patron vénéré. Mais lorsque la procession était parvenue à l'extrémité de la rue Sainte-Claire, cette statue de saint Vernier était déposée avec honneur dans une

excès de ses soi-disant confrères ne contribuèrent pas peu à dépopulariser la fête et le Saint lui-même parmi les gens sérieux de la paroisse. Ainsi, en 1848, les exaltés crurent faire merveille en portant triomphalement au club la statue du Saint, affublée d'une énorme cocarde tricolore. Préalablement, ils l'avaient bruyamment promenée par la ville, au son du tambour, l'accompagnant de refrains peut-être très patriotiques, mais à coup sûr très peu religieux, etc., etc. — Nous avons appris tous ces détails, et d'autres, du regretté M. Daguillon, curé d'Issoire.

niche disposée pour cela; puis, les fidèles, escortan
les autres saints, continuaient leur marche jusqu'à
Notre-Dame-du-Port. Saint Vernier était placé là,
aux confins de la paroisse, comme pour la garder
pendant que pasteurs et paroissiens allaient prendre
part à la grande fête de Marie. Au retour, les gens
de Saint-Eutrope reprenaient ce fidèle gardien, au
lieu où ils l'avaient laissé, et ils le rapportaient
triomphalement à sa place habituelle dans l'église (2).

En dehors du diocèse de Clermont, dans la partie
de l'Auvergne que le Concordat de 1801 a annexée
au diocèse du Puy, saint Vernier est encore généralement le patron des vignerons; nous citerons en
particulier la paroisse de Lempdes, comme une de
celles où le culte du saint est demeuré plus en
honneur.

A Brioude, avons-nous dit, il y avait une confrérie
sous le titre de saint Vernier; elle a subsisté jusqu'en
1855. Nous donnons ici l'abrégé de son histoire, qui
est, à peu de choses près, l'histoire des autres confréries
du même titre, existant autrefois en Auvergne (1).

La confrérie de Brioude fut établie en 1672, par
l'autorité du célèbre Chapitre de Saint-Julien, qui

______

(1) L'auteur a appris cette particularité de plusieurs témoins
fort recommandables, entre autres de M. Rigodon, archiprêtre
de la cathédrale de Clermont.

(2) V. aux pièces justificatives, 2° P. n° XII, un extrait des
Actes de la Confrérie de saint Verny à Saint-Amand-Tallende
(Puy-de-Dôme).

était tout à la fois seigneur temporel et seigneur spirituel de la ville. Bien 'que Brioude fut englobée dans le diocèse de Saint-Flour, la ville dépendait pour le spirituel du seul Chapitre, immédiatement soumis au Saint-Siége. Ce ne fut qu'en 1677, cinq ans après l'établissement de la confrérie de saint Vernier, que le Chapitre transigea avec les évêques de Saint-Flour. Il leur céda la juridiction spirituelle sur les églises et les habitants de la ville, à l'exception toutefois de l'église de Saint-Julien, et de tout le personnel composant le Chapitre ou en dépendant immédiatement.

Il y avait alors dans la ville ou la banlieue de Brioude, sept églises paroissiales, dont quatre dans la ville même : Notre-Dame, Saint-Geneix, Saint-Pierre et Saint-Jean-Baptiste. Cette dernière était plus centrale et plus vaste que les autres; autour d'elle se groupait une population plus nombreuse. C'est pour cela qu'elle fut choisie pour être le siège de la Confrérie de saint Vernier; elle le fut jusqu'à la grande révolution.

Le 23 septembre 1672, le curé de Saint-Jean, au nom de plusieurs habitants de Brioude, demanda au Chapitre de vouloir bien autoriser l'établissement de la Confrérie. Le Chapitre, par délibération du même jour, renvoya cette demande à l'examen de juges spirituels, chargés de l'approuver, s'ils le jugeaient à propos. Les juges spirituels, vicaires-généraux du Chapitre, par acte du 6 octobre 1672, instituèrent la Confrérie de saint Vernier et autorisèrent la célébration de la fête du Saint. (*V. aux pièces justif.*)

A partir donc de l'année suivante, 1673, la fête de saint Vernier fut célébrée à Brioude chaque année, le dimanche qui suit le 20 mai, jour universellement adopté en Auvergne pour cette fête. Le dimanche de l'octave il y avait encore réunion des confrères, offices solennels et distribution de pain béni, comme au jour même de la solennité (1). La fête de S. Vernier fut encore célébrée en 1792, et les Bailes de cette année rendirent leurs comptes le 28 mai. Mais bientôt les églises furent fermées et tout culte catholique fut supprimé pendant quelques années.

Dès l'année 1799, la confrérie se réunit de nouveau; deux Bailes furent nommés, et la fête de saint Vernier fut célébrée avec toute la pompe que permettaient les circonstances. La paroisse de Saint-Jeau, et toutes les autres paroisses secondaires de Brioude avaient été supprimées; l'ancienne et noble église de Saint-Julien était devenue la seule église paroissiale de la ville. C'est dans cette église que les confrères déposèrent la statue de leur saint patron, elle fut placée dans la chapelle de Saint-Julien; le jeune martyr du XIIIe siècle à côté du vaillant soldat, martyr des premiers siècles. La confrérie donnait annuellement une petite somme aux Bailesses de la Chapelle

(1) « Premier dimanche, 21 mai, cent-neuf livres et demie de pain béni. — Dimanche de l'octave, quarante-six livres. — *Comptes de la Confrér. de S. Verny.* — Année 1843. » — De même aux comptes des autres années.

de Saint-Julien pour l'entretien et l'ornementation de la statue de saint Vernier (1).

La fête du Saint fut célébrée sans interruption jusqu'en 1830. Omise pendant trois ans, elle fut célébrée de nouveau en 1834, et les années suivantes, sans interruption, jusqu'en 1855.

Ce jour-là, après l'office solennel du soir, la statue de saint Vernier était portée en procession, au son des cloches, avec accompagnement de tambours et de fifres. Tous les confrères précédaient ou suivaient; quatre d'entre eux portaient des torches autour de la statue; les enfants des meilleures familles de la ville se faisaient un honneur de tenir les rubans ou cordons se rattachant au brancard sur lequel reposait la statue.

La procession, après avoir suivi les principales rues, se dirigeait vers une croix située en dehors de la ville, sur une éminence, tout près de l'ancien couvent des Capucins, occupé aujourd'hui par les religieuses de la Visitation. Là le cortége s'arrêtait. Après les chants liturgiques, le célébrant appelait la protection du Saint sur les vignobles du territoire et les bénissait solennellement. Renversée par les révolutions, cette croix a toujours été relevée à la même place. Aujourd'hui encore elle est debout; et on peut lire, gravée sur une des faces du piédestal en pierre, cette inscription : *Station de saint Verny.*

(1) « Payé aux demoiselles de la chapelle de S. Julien, pour l'entretien de S. Verny, la somme d'un franc. — *Id.* année 1840. »

La confrérie assistait aux funérailles de ses membres; les confrères venaient à l'offrande tenant en main de petits cierges vulgairement appelés: *ciroux*. Un office général pour tous les défunts de la confrérie avait lieu au premier jour libre après la fête de saint Vernier; et un office spécial pour chaque membre était célébré aussitôt après son décès. Pour subvenir aux frais de la fête et des offices généraux et spéciaux, chaque confrère donnait une rétribution annuelle de 75 centimes (1).

En 1856, la confrérie disparut, et la fête de S. Verny cessa d'être célébrée à Brioude. Déjà, depuis 1848, on voyait diminuer d'année en année le nombre des confrères et les ressources de la confrérie; on peut s'en convaincre par l'inspection des registres (2). Un esprit d'incrédulité haineuse avait pris la place de cet esprit de foi et de simplicité patriarcales qui, dans les siècles précédents, avait enfanté des merveilles en Auvergne.

Parce qu'on avait prôné les grands mots de liberté, d'égalité et de fraternité, on crut pouvoir se

(1) Nous constatons les mêmes usages, les mêmes prescriptions et la même rétribution annuelle, dans le réglement de la confrérie de S. Verny, à Saint-Amand-Tallende. — *V. ci-après, pièces justificat.*

(2) Recettes de la confrérie : en 1847, fr. 247 ; en 1848 fr. 193 ; en 1849, fr. 165; en 1850, fr. 160; en 1851, fr. 144; en 1852, fr. 127; en 1853, fr. 121 ; en 1854, fr. 112 ; en 1855, fr. 117.

passer de l'intercession des saints auprès de Dieu, et de Dieu lui-même! Et pourtant, Dieu n'est-il pas, par lui-même et par ses saints, l'inspirateur et le soutien de la fraternité chrétienne, sans laquelle il ne saurait y avoir ni liberté utile ni égalité vraie ?

CHAPITRE XX

Guérison miraculeuse d'une jeune fille de treize ans, dans l'église de S. Vernier à Oberwésel, racontée par elle-même.

Nous ne pouvons mieux terminer notre travail sur saint Vernier qu'en rapportant un miracle récent opéré par son intercession.

Anna Michaëly, née le 13 février 1856, fille d'Adam Michaëly, tonnelier, et de Marguerite Frank, époux domiciliés à Oberwésel, tomba malade le 6 janvier 1868. Elle fut guérie le 26 juillet 1869; sa maladie avait donc duré dix-neuf mois. Laissons-lui raconter à elle-même sa maladie et sa guérison.

« Le 6 janvier, *jour des trois rois*, je me sentis toute indisposée et me mis au lit. Comme je me plaignais de violentes douleurs de tête et d'un grand froid dans tous les membres, mes parents pensèrent que j'avais pris un refroidissement à la suite d'un courant d'air; et ils ne songèrent pas à appeler pour cela un médecin.

« Le jour suivant, je commençai à éprouver une grande faiblesse dans les jambes, et je ne pouvais marcher qu'assistée et soutenue. Conjecturant que j'étais atteinte de douleurs rhumatismales, mes parents me tinrent bien au chaud; mais la faiblesse de mes membres augmenta de jour en jour et dégénéra promptement en une complète insensibilité. Dès le vingt janvier, quatorze jours après le commencement de ma maladie, je ne pouvais me tenir debout, ni même me mouvoir. Mes jambes étaient absolument comme mortes, et j'étais tout à fait privée de leur usage. Des membres inférieurs, cette insensibilité gagna peu à peu les reins; elle devint si complète que l'on pouvait me piquer profondément avec une épingle ou avec une aiguille, sans que je m'en aperçusse le moins du monde.

« Persuadés toujours que mon état provenait d'une affection rhumatismale, mes parents eurent recours à tous les remèdes usités en pareil cas; ils n'obtinrent aucun résultat. Sur ce, je perdis complètement l'appétit; je ne pouvais supporter presque aucune nourriture.

« Alors, mes parents alarmés appelèrent le docteur Eschbaum, d'Oberwésel. Celui-ci, après un sérieux examen, déclara à mes parents que ma maladie n'était nullement ce qu'ils avaient pensé, mais bien une atonie générale des nerfs. Pendant longtemps je suivis le traitement qu'il m'avait prescrit; ce fut sans utilité. Je n'obtins ni forces, ni sensibilité, ni mouvement, dans les parties du corps qui étaient comme mortes.

« Le docteur essaya alors de me traiter par l'électricité; le résultat ne fut pas meilleur. A la vérité, ce traitement semblait parfois réveiller la sensibilité en certaines parties des membres morts; mais le léger résultat obtenu disparaissait complètement quelques heures après. Voyant l'inutilité du traitement électrique, le Dr Eschbaum m'en fit suivre un autre; celui-ci fut aussi inutile que les précédents. Alors le docteur déclara à mes parents qu'il ne pouvait plus rien pour moi; et, de fait, il cessa de me visiter et de me prescrire aucun remède. Il dit à mes parents que s'ils me conduisaient à la *clinique* de Bonn, peut-être trouverait-on dans ce grand établissement quelques moyens d'améliorer mon état. Il ne donnait pas grand espoir; et d'ailleurs mes parents n'avaient pas les moyens de me faire entrer à la *clinique*.

« Quinze mois s'étaient écoulés depuis que j'étais dans cette triste situation; incapable de me remuer, perdant chaque jour de mes forces par suite du dégoût de toute nourriture. Toutes les jeunes filles de mon âge firent joyeusement leur première communion le dimanche *in albis* 1869, et moi j'étais toujours clouée sur mon lit par ma triste maladie. J'avais pourtant le plus vif désir de faire ma première communion; je l'exposai à M. l'abbé Blum qui me visitait assez souvent. Je lui exposai en même temps mon désir de me faire porter à la chapelle de saint Verner pour ce grand acte. Ce bon abbé voulait bien que je fisse ma première communion; mais dans mon lit, et non ailleurs. A mes supplications réitérées, il répondait toujours par un refus.

« Or, le désir de faire ma première communion, et de la faire à l'église de saint Verner, devenait de plus en plus vif. A ce désir succéda dans mon esprit la conviction intime que je serais certainement guérie si je pouvais communier dans l'église de saint Verner. Je ne me laissai donc pas rebuter par les refus ; j'insistai toujours, et l'abbé Blum finit par céder à mes instances. Il fut convenu, entre mes parents et lui, que je ferais ma première communion dans la chapelle du Saint. Le jour fut choisi ; ce devait être le 26 juillet, fête de sainte Anne, ma patronne.

« J'attendais ce jour avec une impatience indicible ; d'abord par le désir extraordinaire que j'avais de m'unir à mon Sauveur dans le Très-saint-Sacrement ; puis par le ferme espoir qui m'animait de recevoir de lui la santé dans la chapelle de son glorieux serviteur.

« Enfin, le jour tant désiré arriva. Mes parents me placèrent sur une petite voiture et me conduisirent à la chapelle de saint Verner. Là, mon père me prenant sur ses bras, me porta dans l'église et me plaça sur un fauteuil, préparé d'avance pour moi. Le moment où mon Sauveur allait venir pour la première fois dans mon cœur n'arrivait pas assez vite au gré de mes désirs. Enfin on donna le signal de la sainte communion. Ma mère et la digne sœur Marie-Louise, supérieure des franciscaines d'Oberwésel, me soulevèrent entre leurs bras, me portèrent à la table sainte, et le doux Sauveur vint en moi.

« Comme je ne pouvais pas m'agenouiller, n'ayant absolument aucune vie dans les membres, on dût, aussitôt la sainte communion reçue, me reporter à mon fauteuil. Je remerciai le cher Sauveur du bienfait qu'il venait de m'accorder, et je le priai instamment de me guérir, si c'était sa volonté sainte. Je me recommandai à lui par les mérites de son fidèle martyr saint Verner, dans la chapelle duquel j'avais voulu recevoir pour la première fois l'hostie sainte.

« Je priais ainsi depuis un moment, avec toute la ferveur dont j'étais capable; lorsque tout à coup j'éprouvai dans mes membres, jusque-là complètement privés de mouvement et de sensibilité, un tiraillement accompagné de chatouillement. Ces deux impressions devenaient plus fortes de moment en moment; je me sentais pressée de me lever et de marcher; mais je ne n'osais le faire, tant que la messe n'était pas finie, et que les fidèles remplissaient l'église.

« Enfin le Saint-Sacrifice s'acheva; et aussitôt les assistants s'éloignèrent en grande partie. Mon père alors vint pour me prendre et me reporter sur la petite voiture. — « Laissez-moi, lui dis-je, je peux marcher. » Et je le priai de s'écarter. Il crut que c'était de ma part simple imagination; néanmoins il me laissa faire. Il se contenta de tenir ses deux bras écartés et tendus vers moi, pour me recevoir et me soutenir si je venais à tomber.

« Comme il se trompait! Je me levai vivement; je m'avançai seule dans l'église; puis je me jetai à genoux pour remercier Dieu du plus profond de mon cœur, du bienfait qu'il venait de m'accorder. Un cri de joie, s'échappant de la poitrine de mes parents, retentit dans toute l'église. Les fidèles qui étaient encore là pour prier accoururent et ils demeurèrent muets d'étonnement en me voyant me mouvoir et marcher librement. La ville entière connaissait le triste état dans lequel je venais de passer dix-neuf mois; et tous avaient bien compati à l'affliction de mes parents et à la mienne.

« M. l'abbé Blum s'étant rendu compte de ce qui venait de s'accomplir, s'agenouilla au pied de l'autel et prononça à haute voix une prière d'actions de grâces pour ma guérison miraculeuse; tout le peuple s'y unit de bouche et de cœur.

« Je sortis ensuite de l'église. Je me sentais un peu faible, vu que depuis si longtemps je n'avais ni marché, ni pris une nourriture substantielle. Aussi ma mère et une amie se tenaient-elles à côté de moi pour me soutenir. Mais, à dater de ce moment, mes pas se raffermirent de jour en jour. En même temps j'avais, dès le premier instant, retrouvé l'appétit d'une jeune personne qui est en parfaite santé; et je devins chaque jour plus forte et plus vigoureuse.

« Près de deux ans se sont écoulés depuis cet événement ; et ma maladie n'a jamais reparu. La ville toute entière, qui m'a vue malade et qui me voit maintenant guérie, peut attester la vérité de tout ce que je viens de dire.

« Mars 1871 — *signé* Anna Michaëly.

« J'affirme l'exactitude de ce récit. — Oberwésel, le 3 avril 1878. *Signé :* Blum, curé et définiteur.

Place † du sceau.

« En ce moment, ajoute le digne curé d'Oberwésel, vivent dans ma paroisse trois familles qui, dans le temps, avaient eu la douleur de perdre plusieurs enfants en bas âge. Ces familles affligées recoururent à l'intercession de saint Verner, et firent le vœu de donner son nom au premier enfant que Dieu leur donnerait encore, si c'était un fils. Leur confiance ne fut pas trompée ; Dieu leur donna à chacune un fils. Elles tinrent leur vœu ; les enfants reçurent au baptême le nom de Verner. Tous les trois vivent encore en parfaite santé ; le premier est maintenant âgé de dix-huit ans ; le second, de treize ans ; le troisième est dans sa quatrième année.

« Oberwésel, le 3 avril 1878. *Signé :* Blum, curé et définiteur.

Nous avons donné la traduction littérale de la copie authentique, signée et scellée, qui nous a été envoyée d'Oberwésel.

PIÈCES JUSTIFICATIVES

PREMIÈRE PARTIE

I

Actes du procès pour la canonisation du Saint en 1428.

N° 1. — PRÉAMBULE

De reverentiali consilio, imo veriùs de mandato R^{mi} in Christo Patris et Domini, D. Jordani de Ursinis, divinâ providentiâ episcopi Albanensis, S. R. E. Cardinalis et ejusdem summi pœnitentiarii; non absque masticatione maturâ reverendorum patrum et dominorum duorum Episcoporum et in sacrâ Theologiâ doctorum, necnon aliorum quatuor venerabilium, licet diversarum facultatum, doctorum, de familiâ jam scripti Domini Cardinalis existentiûm, et cum eodem in Bacheraco aliquamdiù in pastorali Curiâ quiescentium; ad reverentiam necnon informationem Apostolicæ Sedis ejusque Summi Pontificis, et Reverendissimorum in Christo Patrûm et Dominorum Cardinalium ejusdem, necnon Rev^{mi} in Christo Patris et Domini Trevirensis Archiepiscopi et suæ sedis sanctæ; ea quæ subscripta sunt diligentissimâ et exactâ diligentiâ, ut vidctur, comite veritate, in unum sunt collecta : Principalissimè ad gloriam sanctissimæ Trinitalis, Domini nostri Jesu-Christi, Christiferæ semper Virginis, et ad honorem utriusque Joannis, omniumque electorum cœlestis curiæ, capellæ Beati Wernheri patronorum...... » —

B. Déposition du prieur et des religieux de Windsbach. — « Nos Philippus, Prior, et totus conventus cœnobii Furstentayl, propè Bacheracum, Trevirensis diœcesis, Ordinis S. Wilhelmi... Undè concludendo credimus et piè profitcmur, illum puerum piissimum S. Wernherum, canonisatione apostolicâ, propter ejus sanctitatem etmiracula prœclarissima, esse dignissimum ; et si secùs fieret (semper salvâ determinatione Apostolicæ Sedis) formidaremus scandalum in Ecclesiâ Dei affuturum. Undè nostræ administrationis, prioratûs et conventûs sigilla sunt apposita. Anno Domini 1429, die vero 16 mensis februarii. — *Nous avons donné la traduction de cette déposition dans le cours de l'ouvrage, Chapitre* XII. *p.*

II

Description par les Bollandistes, des deux peintures du XIIIe *siècle, dont nous avons parlé au chapitre* IX.

« In fronte Codicis Trevirensis conspicitur pictura non inelegans, ubi inter SS. Andream Apostolum et Cunibertum Archiepiscopum medius consistit Sanctus Wernherus, in penulâ rubeâ, cingulo pretioso adstrictâ, coronatus serto gemmis distincto, et caput circulo Sanctis omnibus communi circumductus ; manu quidem dexterâ palmam et cultellum, necis suæ instrumentum proferens ; sinistrâ vero innixus suprâ alveum ligneum, figuræ ovalis, tan-

quam conquirendi victûs instrumentum, (nam terræ ege-
rendæ prœtextu ad judaicum hypogœum inductus narratur)
eademque tenet putatorium ferrum, longiori infixum ma-
nubrio, quod prœdicto alveolo acclinatum cernitur; quale
etiam sepulchro ejus illatum, posteà repertum est cum ipso
corpore. Similiter in medio codice, ubi Officium Missæ pro
S. Wernhero compositum proponitur sub nota, cum in-
troïtu unius Martyris tempore Paschali *Protexisti me Deus*,
in capite palmaris litteræ P, undé illa Missa incipit, ipse
in eodem schemate assidet, dextram cum cultello et palmam
super genu reclinans, sinistrâ tenens suum illud putatorium, erecto sursum ferro, satis lato ac triangulari ;
Alveolus autem ad dextrum latus jacet, super floridum
pratum, asperis rupibus circumcinctum, ut Rheni ripam
aliquam videatur pictor exprimere voluisse. » — *Act. SS.*
19 *april. 697, C.*

III

**N⁰ 1. Office pour la fête de S. Vernier, actuelle-
ment récité dans tout le diocèse de Trèves, avec
la permission du Saint-Siége.**

Die XIX Aprilis

IN FESTO S. WERNERI, MARTYRIS, *semid.*
(Bacheraci et Wesaliæ superiori, dupl. 2 Cl.)
Off. de Comm. Mart. T. P. præter sequentia.

ORATIO. — Omnipotens sempiterne Deus, qui nulla
ætate a coronâ martyrii exclusâ, beatum Wernerum in
primo flore, pane Angelorum roboratum, tempore triumphi tui cruenta pugna de immani judæorum barbarie vic-

torem effecisti: prœsta, quæsumus, ut cum illo pugnantes in terris, gloriosæ resurrectionis tuæ fructus legere mereamur in cœlis. Qui vivis.

I Noct. *ll. de Script. occuvr.*

II Nocturno

IV

Wernerus in villâ Wameratho, archidiæcesis Trevirensis, agrestibus parentibus natus, nataliûm obscuritatem, etiamnùm puer, vitæ conspicuæ splendore plurimùm illustravit, non tam arva sub aratro, quàm animum assiduo excolens virtutum studio. Has inter, eximiæ curâ castimoniæ, tum et præprimis prœfulsit misericordiâ, quâ inductus, stipendii diurni residuum pauperibus, læto cælitibus spectaculo, pauperrimus ipse erogabat. *R. Lux perpetua.*

V

Insontis vitæ candor cum omniûm sibi vendicaret amores, solius vitrici (1) odium declinare non potuit, cujus ut se persecutionibus subduceret, dum domo paterna profugus per campos aliquandiù oberrat, exorato a pastoribus, famis levandæ causâ, panis fragmento, sitientibus has vices gratus reddidit; infixo terræ pedo fontem elicuit aquis luculentis profluum, ob auctoris sui thaumaturgi nomine Sancti Werneri nuncupatum, ac in accolarum omnium veneratione expositum. R. *In servis suis.*

(1) *Vitricus,* gen *Vitrici :* parâtre, beau-père par rapport aux enfants du premier lit.

VI

Tandem Wesaliam superiorem, urbem Baccharacum inter et Sancti-Goaris fanum Rheno incumbentem, delatus, servilem operam suam ad necessarium egestatis subsidium, judæis elocavit. Hi, pro nativâ in Christicolas odio, puĕrum sanctum à mensa eucharistica die jovis sancto reducem, ut sacram Hostiam extorquerent, e columnâ capite deorsùm verso, suspenderunt. Verùm dum operam crudelem eventus inanis eludit, effuso in innocentem cruore tcto diris illum mirisque excruciant suppliciis : virgis corpus totum dilaniant, cultro rimantur venas; quin et ut sanguinem ad novissimas usque guttas exprimant, advocatis in tyrannidis auxilium forcipibus, juvenilia membra discerpunt. Triduum integrum tenuit immanis carnificina. Tandem cœlesti coronâ maturus juvenis Christi miles, candidam rubicumdamque animam, Illi reddidit, qui sacrosancto corpore suo, hoc est pane fortiûm, anté in cruentum certamen roboratum cibaverat. Decimus quartus kalendas maii erat qui vernum hunc florem vidit emorientem, anno ætatis propemodùm decimo-quarto, Christi millesimo ducentesimo octogesimo septimo. R *Filiæ Jerusalem.*

III Noct. Homilia S. Augustini Ep. in Ev. : *Ego sum vitis vera.*

MISSA : *Protexisti,* de Com. Mart. T. P. cum oratione propriâ.

N° 2. Traduction de l'office précédent. 19 avril.

EN LA FÊTE DE S. VERNER, MARTYR, semi-double (*à Bacharach et à Oberwésel, double de 2ᵉ classe*).

L'office est du commun d'un martyr, dans le temps pascal, excepté ce qui suit :

Oraison. O Dieu tout-puissant et éternel, qui, n'excluant aucun âge de la couronne du martyre, avez donné au B. Werner, dans la première fleur de son adolescence, de triompher de la cruelle barbarie des juifs, après l'avoir fortifié par la réception du pain des anges, au temps même de votre triomphe sur la mort; accordez-nous, nous vous en supplions, de combattre avec lui sur la terre, afin que nous puissions avec lui dans le ciel jouir des fruits de votre glorieuse résurrection. O vous qui vivez et régnez...

Au premier Nocturne les leçons sont de l'Ecriture occurente.

Au deuxième Nocturne. L. IV.

Werner, né au hameau de Wamratt, dans l'archidiosèse de Trèves, de parents adonnés aux travaux des champs, releva grandement, même dès ses premières années, l'obscurité de son origine par la splendeur d'une vie admirable; car, tout en s'appliquant à cultiver la terre, il s'appliquait bien plus assidûment à orner son âme par la pratique de toutes les vertus. Parmi lesquelles, il fit surtout admirer en lui le soin jaloux avec lequel il gardait la pureté de son cœur et une insigne miséricorde qui le portait, bien qu'il fût très pauvre lui-même, à distribuer aux pauvres ce qui lui restait de son gain de chaque jour; et ce spectacle ré-jouissait les habitants du ciel.

L. V.

Tandis que la candeur de la vie de cet innocent enfant lui gagnait l'affection de tous, il ne put échapper à la haine de son parâtre; aux persécutions duquel voulant se soustraire, il quitta la maison paternelle et erra quelque temps de çà et de là dans les campagnes. Tourmenté par la faim, et ayant obtenu de quelques bergers un morceau de pain, il leur donna en retour le moyen d'étancher leur soif; ayant enfoncé son baton en terre, il en fit jaillir une source aux eaux délicieuses, appelée de son nom *fontaine de saint Werner*, et aujourd'hui encore fréquentée avec vénération par les populations de la contrée.

L VI.

Enfin, étant venu à Oberwésel, ville sise sur le Rhin, entre Bacharach et le bourg de Saint-Goar, pour gagner sa vie, il accepta de travailler chez des juifs. Ceux-ci, dans leur haine invétérée contre les chrétiens, s'emparèrent du saint enfant au jour du Jeudi-Saint, comme il revenait de la table eucharistique; et, pour lui faire rendre la sainte Hostie, ils le suspendirent à un poteau, la tête en bas. Leurs cruels efforts ayant été inutiles, ils s'acharnent de toute leur fureur contre cet innocent et lui font subir des tortures épouvantables et inimaginables. Ils lui déchirent tout le corps avec des verges; lui ouvrent les veines avec un couteau; bien plus, afin d'arracher à leur victime jusqu'aux dernières gouttes de son sang, leur cruauté s'armant de ciseaux, taille et déchiquette ses membres délicats. Cette atroce boucherie se prolongea pendant trois jours. Enfin, mûr pour le ciel, le jeune soldat du Christ rendit son âme candide et empourprée à Celui qui, auparavant, pour lui donner de soutenir la sanglante lutte, l'avait nourri de son corps très saint, justement appelé le pain des forts. Ce fut le 14° des kalendes de mai qui vit mourir cette tendre fleur; Werner étant âgé d'environ quatorze ans; en l'année de Jésus-Christ mille deux cent quatre-vingt-sept.

Au troisième nocturne : Homélie de S. Augustin sur l'Evangile : *Je suis la véritable vigne.*

A la messe : *Protexisti*, du commun des martyrs au temps pascal avec l'oraison ci-dessus .

N° 3. Extrait de l'ancien office de saint Vernier composé peu d'années après la mort du Saint.

1. *Collecte des premières Vêpres.*

Deus qui in memoriam Passionis unigeniti filii tui, Beatum Wernherum ab impiis judais mirabiliter pati sustinuisti ; concede propitius, ut nos peccatores, qui martyrii ejus merita veneramur in terris, a te Domino Deo omnipotente, gloriâ et honore coronari mereamur in cœlis. Per eumdem.

2. *Collecte des Laudes.*

Domine Deus omnipotens, mirabilis in tuâ majestate existens, qui famulum tuum Wernherum pauperculum, de miseriâ labentis sœculi cruisti, et per innocentiam passionis gloriosis miraculis extulisti; prœsta, quœsumus, ut omnes, qui te per ejus martyrium invocant, in suis necessitatibus animæ et corporis benignitatis tuæ beneficia consequantur Per Dominum.

3. *Collecte des deuxièmes Vêpres.* Comme à la messe.

4. *Messe. Protexisti* du commun d'un martyr dans le temps pascal.

Collecte. — Omnipotens piissime et misericors Deus, qui nullam ætatem a filiorum adoptione excludis, quique Beato Wernhero, necdum triûm lustrorum, cibo angelorum satiato, tempore tui triumphi ab impiis judæis pro te interfecto, dedisti mirabiliter triumphare ; prœsta, quæsumus, ut qui ipsius natalitia colimus, participes tuæ gloriosissimæ resurrectionis fieri mereamur. Qui vivis.

Secrète. — Beati Wernheri martyris tui solemnitate tibi munera deferentes, quæsumus, clementissime Domine, ut sicut illum, tuî vice et pro te passum, martyrium fecit gloriosum, ità nos ejus intercessio et verbo et opere tibi reddat acceptos. Qui vivis.

Post-Communion. — Refecti cœlesti alimento, quæsumus, mitissime Deus, ut sicut benedictus puer martyr tuus sanctus Wernherus, eodem cibo potuque munitus, judaicam rabiem suâ vicit morte amarissimâ ; ità et nos câdem refectione sanctâ, mundum, diabolum et carnem, tuâ prepotenti gratiâ superare valeamus. Per Dominum.

<h1 style="text-align:center">IV</h1>

Culte de Saint Vernier en Franche-Comté

1° *Indulgences accordées à la confrérie de saint Vernier, par le bref d'Alexandre VII, du 6 juin 1665. (Extrait du manuel de la confrérie, imprimé à Besançon en 1672, et approuvé par l'autorité archiépiscopale.)*

a. Indulgences plénières : Au jour de la réception dans la confrérie ; — A l'article de la mort en invoquant le saint nom de Jésus, — à ceux qui, le mardi après Quasimodo, jour où l'on célèbre la fête de saint Vernier, visiteront dévotement l'autel de la confrérie, et prieront aux intentions de l'Eglise.

b. Indulgence de 7 ans et 7 quarantaines : A tous les confrères qui étant confessés et communiés, visiteront dévotement la chapelle du Saint à un des quatre jours suivants : lundi de Pâques; lundi de la Pentecôte; 16 juin, jour de la fête des SS. Ferréol et Ferjeux, martyrs de Besançon; 27 décembre, fête de saint Jean l'Evangéliste.

c. Indulgence de 60 jours : — Chaque fois que les confrères assisteront à la messe ou à quelque autre office célébré dans la susdite chapelle de S. Vernier, ou qu'ils assisteront aux assemblées publiques ou privées de la susdite confrérie. — Chaque fois qu'ils logeront un pauvre. — Lorsqu'ils chercheront directement ou indirectement à pacifier les esprits divisés. — Lorsqu'ils assisteront à la sépulture d'un trépassé, qu'il soit ou non membre de la confrérie. — Lorsqu'ils assisteront à une procession quelconque. — Lorsqu'ils accompagneront le T.-S. Sacrement, soit lorsqu'on le porte aux malades, soit lorsqu'on le porte en procession. Ceux qui seront empêchés de l'accompagner pourront gagner la même indulgence en récitant un *Pater* et un *Ave.* — Chaque fois qu'ils réciteront cinq *Pater* et cinq *Ave* pour l'âme de leurs confrères défunts. — Chaque fois qu'ils chercheront à ramener dans la voie du salut une âme égarée, ou qu'ils enseigneront aux ignorants les commandements de Dieu et les vérités nécessaires au salut. — Toutes les fois enfin qu'ils accompliront quelque acte de piété ou de charité.

Par un autre bref, daté du même jour, Alexandre VII attacha, par grâce spéciale, l'indulgence de l'autel privilégié à l'autel de S. Vernier : 1" pour toutes les messes qui y seraient offertes pour l'âme d'un membre défunt de la confrérie; 2° pour toutes les messes qui y seraient offertes pour les défunts, le lundi de chaque semaine, le jour des Morts et les huit jours suivants.

*2° Extrait de la bulle d'Innocent XI, du 10 décembre 1684
Confirmant les indulgences accordées par son prédécesseur à
la confrérie de S. Vernier, ou attachées à l'autel du Saint.*

« ..., Cum itaque sicut accepimus, in sœculari et insigni
collegiata, quæ et parochialis existit, ecclesia Sanctæ
Mariæ-Magdalænæ Bisuntinæ, una pia et devota utriusque
secus Christifideliûm confraternitas *sub invocatione Sancti
Vernerii* ad Dei omnipotentis laudem et honorem, proxi-
mique subventionem et animarum salutem... qui ecclesiam
prœdictam *in die festo ejusdem Sancti Vernerii* a primis
vesperis usque ad occasum solis dicti festi, annis, singulis
visitaverit... relaxamus... prœsentibus perpetuis futuris
temporibus duraturis... »

*L'original sur parchemin est encore aujourd'hui conservé
à Besançon.*

Traduction : --- « ... Et comme, ainsi que nous l'avons
appris, il existe dans l'insigne église séculière collégiale et
paroissiale de Sainte-Marie-Madeleine à Besançon, une
pieuse et dévote confrérie de fidèles des deux sexes, *sous
l'invocation de saint Vernier*, laquelle a pour but la louange
et l'honneur du Dieu tout-puissant, l'assistance du prochain
et le salut des âmes... Quiconque visitera dévotement ladite
église *au jour de la fête du même saint Vernier*, depuis les
premières vêpres jusqu'au coucher du soleil de ladite fête...
Nous lui accordons... par les présentes valables à perpétuité. »

Note. Nous ne donnons de cette bulle que les expressions
relatives au *culte* et à la fête de saint Vernier. On le voit,
l'un et l'autre sont expressément reconnus.

V

Culte de Saint Vernier dans le diocèse de Dijon

A. CONFRÉRIE DE SAINT VERNIER A BEAUNE (Côte-d'Or).

Extrait des Archives de l'évêché de Dijon.

N° 1. Translation de la fête de saint Vernier (*Archives*. Registre n° 1, p. 63).

François-Victor Rivet, par la miséricorde divine et la grâce du Saint-Siége apostolique, évêque de Dijon.

Vu la supplique à nous adressée par M. l'abbé Richard curé de Notre-Dame de Beaune, en date du 18 janvier 1839, tendant à obtenir la translation au 23 janvier *de la fête de saint Garnier ou Vernier*, patron des vignerons de cette ville, laquelle fête se célébrait ordinairement le 19 avril.

Considérant que *la fête de saint Garnier ou Vernier* se trouve souvent en occurrence avec la Semaine-Sainte ou l'octave de Pâques, ce qui oblige à en différer la célébration, et que par suite de cette translation les membres de la confrérie des vignerons se trouvent dérangés dans l'exécution de leurs travaux.

Considérant d'ailleurs que plusieurs confréries de vignerons sont érigées sous le patronage de saint Vincent, diacre, dont la fête est célébrée dans l'Eglise, le 22 janvier.

Avons arrêté et arrêtons ce qui suit :

ART. 1er. Les membres de la confrérie des vignerons de Beaune auront désormais pour patron *saint Vincent*, diacre, avec *saint Garnier* ou *Vernier*.

Art. 2. La fête patronale de la confrérie des vignerons de Beaume, sera désormais célébrée le 22 ou le 23 janvier de chaque année.

Donné à Dijon, le vingt janvier de l'an de grâce 1839.

FRANÇOIS, *évêque de Dijon*

par mandement : BERNARD, *secrétaire*.

Note. L'ordonnance épiscopale qu'on vient de lire transfère simplement au 22 ou 23 janvier la fête de saint Vernier; elle ne la supprime pas. On verra dans les pièces suivantes que la confrérie garde toujours son titre, et que la messe dite au jour de sa fête est la *messe de saint Vernier*, avec mémoire de saint Vincent (*V. ci-après n° 4*). La présente ordonnance laisse la latitude de célébrer la fête le 22 ou le 23 janvier, pour éviter de faire coïncider la fête avec un vendredi, par exemple, ou un autre jour non favorable.

N° 2. — Supplique de la confrérie de saint Vernier, de Beaune, à Mgr l'évêque de Dijon, pour l'approbation de ses statuts.

Monseigneur,

Nous soussignés, membres de la confrérie de saint Verner, martyr et patron des vignerons de la ville de Beaune.

Nous avons recours à la bienveillance de Votre Grandeur, et nous vous supplions de nous accorder l'approbation de faire imprimer nos statuts ou règlement de la dite confrérie, et l'office du jour et du lendemain de la dite fête et la vie du bienheureux *saint Verner, martyr le 19 avril l'an de N.-S. J.-C. mil deux cent-quatre-vingt-sept.* Monseigneur, malgré que cette fête arrive le 19 avril, elle est transférée au 23 janvier, avec votre approbation.

Vous voyez, Monseigneur, que nous cherchons à marcher dans le vrai chemin de la religion qui est notre mère; sans elle point de bonheur.

Nous comptons, Monseigneur, sur cet acte de bienveillance de votre part, qui sera le motif de l'éternelle reconnaissance de tous les membres d'une société unie par les liens de la charité qui ne cessera d'adresser des vœux au ciel pour la conservation de vos jours. Et nous sommes avec un profond respect,

Monseigneur, de votre Grandeur, les très humbles et très obéissants serviteurs :

Le président de la confrérie : GRIZOT Jean.
Le receveur : F. MARÉCHAL.

Les membres du Conseil de la dite confrérie

DORLIN Etienne,	DORLIN Jean-Baptiste.
LABOUREAU Jean,	BROICHOT Jean-Baptiste.
PELLETIER Joseph,	COULNOT Philibert.

Beaune, le 17 février 1840.

Nº 3. — Lettre de M. le curé de Notre-Dame de Beaune, jointe à la précédente supplique:

MONSEIGNEUR,

Je viens aujourd'hui vous présenter une supplique de la part des membres de la confrérie de *St-Vernier*, établie dans ma paroisse. Déjà elle a été approuvée en 1819, par Mgr Reymond, évêque de Dijon. Mais ils désireraient que vous fussiez assez bon, Monseigneur, pour :

1° La revêtir de votre approbation;

2° Les autoriser à faire imprimer leurs *statuts* que vous trouverez ci-joints, ainsi qu'une notice sur la *vie de saint Vernier*, tirée d'un gros volume *in-folio*, dont je ne pourrais vous indiquer l'année, puisque c'est un livre que l'on peut regarder comme *éternel*, n'ayant ni commencement, ni fin. Plus encore *l'office de la Messe et des Vêpres* pour le jour de la fête de ce saint. La notice et l'office sont l'ouvrage de M. l'abbé Thomos. Veuillez donc, Monseigneur, examiner le tout à votre loisir et statuer ce que vous jugerez convenable.

Veuillez agréer....,

RICHARD, curé de N.-D.

Beaune, le 16 avril 1840.

Note. Les *statuts* dont il est question dans cette lettre, la *notice* sur saint Vernier, l'*office* de la Messe et des Vêpres pour la fête du Saint, furent imprimés à Beaune en 1841, dans le *livre de la confrérie de St-Vernier*, pet. in-18°.

Le gros volume in-folio, *sans commencement ni fin*, dont parle l'abbé Richard, était sans doute un exemplaire des *Vies des Saints*, du P. Giry, *in-folio*, auquel le temps avait enlevé ses premières et ses dernières pages.

N° 4. — Approbation des statuts de la confréric de saint Vernier à Beaune. *(Archives Ep. Registre n° 1, p.129.)*

François-Victor Rivet, par la miséricorde divine et la grâce du Saint-Siége apostolique, évêque de Dijon.

Vu la supplique qui nous a été présentée par M. Jean Grizot, président du Conseil d'administration de l'association des vignerons établie dans la ville de Beaune, *sous le patronage de saint Vernier*, martyr, tendant à ce qu'il nous plaise approuver les statuts de cette association.

Laquelle supplique nous a été transmise par M. l'abbé Richard, curé archiprêtre de l'église Notre-Dame de Beaune, qui nous a prié de faire droit aux vœux de l'exposant.

Vu les dispositions réglementaires arrêtées par les membres de l'association le 7 novembre 1820.

Vu l'acte d'association passé le 4 mai 1837, par-devant M. Guiod, notaire à Beaune, ayant pour objet d'établir entre les vignerons de cette ville une société de secours mutuels et réciproques pour l'exécution de la culture de la vigne.

Considérant 1° : Que nous n'avons rien trouvé dans ces dispositions règlementaires et acte d'association qui soit contraire aux lois et à l'enseignement de l'Eglise.

Considérant 2° : qu'il est d'un grand intérêt pour la *confrérie de saint Vernier* de se placer directement sous le patronage de la religion, qui seule peut inspirer aux membres qui composent ladite confrérie, cette application au travail, cette régularité de conduite, cette droiture de cœur, cette sévérité de mœurs, cette fidélité à Dieu en toutes choses qui caractérisent l'homme honorable et qui peut seule aussi communiquer à l'association elle-même une fécondité et une unité d'action qui lui assurent les résultats qu'elle se propose.

Considérant 3° : qu'il est de l'essence de toute association formée sous les auspices de la religion, de rappeler aux membres qui la composent les obligations qui leur sont imposées dans l'ordre du salut et de leur en faciliter l'accomplissement.

Nous avons ordonné et ordonnons ce qui suit :

ART. 1ᵉʳ. Les statuts de la confrérie des vignerons de la ville de Beaune, établie sous le patronage de saint Vernier sont approuvés.

ART. 2. *La fête de saint Vernier sera célébrée le 22 janvier de chaque année. Il sera fait mémoire de saint Vincent, martyr,* à la messe et aux vêpres qui seront suivies de la bénédiction du T.-S. Sacrement avec l'ostensoir.

ART. 3. Nous rappelons à tous les membres de la confrérie de saint Vernier, les saints préceptes de la sanctification du dimanche, de la confession annuelle et de la communion pascale, et nous les conjurons dans le Seigneur de ne pas borner leurs efforts à s'aider réciproquement dans la culture de la terre, mais de chercher surtout à s'entr'aider mutuellement dans l'œuvre bien plus importante du salut de leurs âmes, en se donnant bon exemple et en veillant à ce que tous les confrères dangereusement malades reçoivent les sacrements de l'Eglise.

ART. 4. La présente ordonnance sera lue tous les ans en assemblée générale, le lendemain de la fête patronale de la confrérie.

Donné à Dijon, sous notre seing, le sceau de nos armes, et le contre-seing du secrétaire général de notre évéché, le troisième jour d'avril de l'an de grâce 1841.

FRANÇOIS, évêque de Dijon.

place du sceau.

Par mandement, BERNARD, chan. secr.

Note. Cette ordonnance a été reproduite dans le *livre de la confrérie de saint Vernier.*

N° 5. — Beaune. Bénédictions du Saint-Sacrement en faveur des diverses confréries. (Registre n° 3, p. 85.)

François Victor Rivet... Evêque de Dijon.

Vu la lettre en date du 10 décembre 1856 par laquelle M. l'abbé Clerc, curé-archiprêtre de Notre-Dame de Beaune nous expose qu'il a trouvé établis dans sa paroisse les usages suivants : 1° ... 2° de donner la bénédiction du Saint-Sacrement avec l'ostensoir, après les vêpres, le 22 janvier, en faveur de la *confrérie des vignerons* érigée dans son église *sous le vocable de saint Vernier.* 3°... 4°...

L'exposant nous prie ensuite de vouloir bien confirmer ces priviléges.

Vu les statuts du diocèse, titre V, chapitre V, et notamment le statut CXCV.

Vu... Vu le règlement de la *confrérie de saint Vernier,* lequel a été approuvé par nous, le 3 avril 1841, et les renseignements constatant que ladite confrérie se compose actuellement de soixante-six membres.

Notre Conseil entendu :

Nous avons ordonné et ordonnons ce qui suit :

ART. 1er. Nous maintenons les confréries de Sainte-Madeleine, de Saint-Claude et de *saint Vernier* dans la jouissance du privilége de la bénédiction du Saint-Sacrement avec l'ostensoir, après les vêpres du jour de leur fête patronale respective, tant que ces confréries observeront fidèlement leur règlement approuvé par l'autorité épiscopale.

ART. 2. ... ART. 3. La présente ordonnance sera transcrite sur le registre de paroisse, de l'église curiale de Notre-Dame de Beaune, et la minute en sera conservée dans les archives de ladite église.

Donné à Dijon... le 14 janvier 1857.

FRANÇOIS, év. de Dijon.

Par mandement, SILVESTRE, p. secrét.

B. CONFRÉRIE DE SAINT VERNIER A SEMUR-EN-AUXOIS (Côte-d'Or.)

Extrait des archives départementales de la Côte-d'Or. — Titre E.

Note. Les archives départementales de la Côte-d'Or, possèdent un registre de la *confrérie de saint Vernier*, existant à Semur, dans le siècle dernier. Ce registre contient la liste des confrères et les comptes de la confrérie, année par année, depuis l'année 1777 inclusivement, jusqu'à l'année 1793 inclusivement. Evidemment la confrérie existait bien avant l'année 1777, et le registre conservé aux archives n'est que la continuation de registres antérieurs qui ont disparu. Il n'est en effet, nullement parlé dans ce registre, seul conservé, de l'institution de la confrérie; et on lit simplement à la 1re page: « J'ai reçu des receveurs de la *confrérie de saint Vernier*, pour le présent registre, la somme de trois livres. — A Semur le 17 octobre 1776. — *Signé* DARCEY. » — De l'étude de ce registre, on déduit avec certitude évidente les conclusions suivantes :

1° La confrérie de Semur célébrait la fête de *saint Vernier* le 3 janvier; ce qui est pratiqué encore aujourd'hui.

2° Elle célébrait une seconde fête moins solennelle, au mois d'avril, généralement le 24.

3° Une messe était dite tous les dimanches de l'année, à 7 h. pour la confrérie.

4° Le nom de *Vernier* éait donné au saint-baptême. Nous remarquons, en effet, dans les listes annuelles contenant les noms et prénoms des confrères, le nom d'un certain *Vernier* Trousseau,

Nous allons donner quelques extraits du registre (petit in-fol. couvert en parchemin.)

Année 1777

1° « J'ai reçu du receveur de la confrérie de saint Vernier, la somme de six livres deux sols, pour le luminaire que j'ai fourni. — A Semur, ce 3 janvier 1777.

« *Signé*, veuve GIGOT. »

2° « Je reconnais avoir reçu des receveurs de la confrérie de saint Vernier, la somme de soixante-deux livres, savoir *quarante livres* pour la desserte de la messe de sept heures, pendant l'année dernière; *deux livres* pour le service du 24 avril dernier; et *vingt livres* pour les messes et services du jour d'hier et d'aujourd'hui.

Dont quittance. Trois janvier mil sept cent septante-sept. *Signé*, LHUILLIER, chanoine

3° « J'ay reçu du receveur de la confrérie de saint Vernier, *cinq livres* pour la sonnerie des services de la fête du Saint, de la présente année. — A Semur, ce 3 janvier 1777.

Signé, REMOND, fabricien.

Note. Les années suivantes, nous retrouvons, avec la liste des confrères, les comptes et acquits annuels, à peu près dans les mêmes termes qu'à l'année 1777.

Année 1790

1. Donné au curé soixante-deux livres, y compris le service de saint Vernier, d'avril ....cy   62 l.
2. Donné pour le pain bény du mois d'avril..   4 l. 10 s
3. Donné pour le luminaire................·   5 l. 10 s.
4. Donné pour le sonneur....................   2 l. 8 s.

5. Donné pour le quarillion (*sic*).......... 2 l.
6. Donné au Bedeau...................... 10 s.
7. Donné au Suisse.... .... 12 s.
8. Donné pour blanchir l'étolle.......... 5 s.

Note. Même chose, ou à peu près, aux années 1791 et 1792.

Année 1793

1. *Rendement des comptes du receveur de la confrérie, pardevant les autorités municipales.*

Ce jourd'hui 21 Fructidor (septembre) an 2° de la République une et indivisible, s'est présenté en la maison commune, le citoyen Philippe Prieur, Receveur de la confrairie de saint Vernier, pour rendre ses comptes... *(suivent le compte détaillé et la décharge).*

Signé, MENASSIER, le jeune, *Maire.* — Puis six autres signatures.

2. *Reçu (sur papier timbré) du vicaire paroissial, au receveur de la confrérie.*

« J'ai reçu du receveur des vignerons de la ville de Semur-en-Auxois, la somme de *soixante-deux livres,* pour tous services et messes acquittées à leur intention dans le courant de l'année mil sept cent quatre-vingt-onze; et pareille somme de *soixante-deux livres* pour tous services et messes acquittées aussi à l'intention des dits citoyens vignerons dans le cours de l'année dernière (1792).

« A Semur, le quatre janvier mil huit cent quatre-vingt-treize. L'an second de la République française.

Signé, MARIGLIER, vicaire. »

Note. Les comptes et acquits ne paraissent plus sur le registre. Il paraît cependant que la fête de saint Vernier continua, malgré le malheur des temps, à être célébrée, et les registres mentionnent encore pendant deux ans la nomination d'un *bâtonnier* pour la fête du Saint.

1795. « Je soussigné, moi Jean Labille, promet de prendre le *bâton de saint Vergnier (sic)*, l'année quatre-vingt-quinze, suivant les conditions ordinaires. Cejourd'hui le deux janvier. — J'approuve l'écriture.

Signé : Jean LABILLE.

1796. « Je soussigné déclare avoir moy Marceau Labille promis de prendre *le bâton de saint Vergnier*, l'année quatre-vingt-seize.

Signé, Marceau LABILLE. »

PIÈCES JUSTIFICATIVES

RELATIVES AU CULTE DE SAINT VERNIER EN AUVERGNE

Observations préliminaires

Avant de citer les actes épiscopaux dans lesquels il est fait mention expresse du *culte de S. Verny*, c'est-à-dire des *autels, confréries, reinages* et *fêtes* du Saint, il nous paraît utile d'établir, d'après d'autres actes épiscopaux, quelques points généraux d'une grande importance. Ces points bien compris éclaireront d'un jour plus vif les *actes* dans lesquels il est parlé de S. Verny et en feront davantage ressortir la haute portée,

1° *Aucun autel ne pouvait être élevé sans la permission expresse de l'Ordinaire.* — « On ne bastira point d'églises, chapelles, *autels* sans la permission de l'Evêque concédée par écrit (*Canons synodaux du diocèse de Clermont, publiés par Mgr d'Estaing. 1653. 2*e P. chap. 8, § 17, p. 116). » — Ces canons fnrent la règle du diocèse jusqu'à la fin du XVIII° siècle. Nous voyons les Evêques dans leurs ordonnances pastorales s'y reporter sans cesse.

2° *Les autels placés sous l'invocation d'un saint devaient être ornés de la statue ou de l'image de ce saint.* — « Chaque autel aye quelque image sainte en bosse, ou en platte

13.

peinture s'il est possible, pour le moins que les images soient entières et ne soient point rompues ni indécentes, et qu'elles se rapportent à la dignité de celuy qu'elles représentent. — *(Can. Syn.* 2° P. chap. 12, § 12, p 124). »

3° *Les confréries et les fêtes locales ne pouvaient être érigées ou établies sans la permission expresse de l'Ordinaire.* — « Ne permettront les susdits curez qu'en leurs paroisses soient instituées de nouveau aucunes festes, confrairies érigées... sans notre expresse permission octroyée par écrit et signée de notre main. — *(Can Syn.* 3° p. chap. 2, § 27, p. 170. »

4° *Les Evêques, dans leurs visites pastorales, examinaient attentivement les images et statues placées dans les églises et faisaient enlever sans rémission celles qui représentaient des personnages supposés.* — « Avons observé qu'il y avait au haut d'un des autels une petite image à l'occasion de laquelle il y avait des abus, et qui a été exposée sans notre permission, ordonnons que cette *prétendue image* ne sera plus exposée à la vénération des peuples, révoquons toutes les indulgences qui auraient pu avoir été obtenues ou approuvées par nous ou nos vicaires graux *(généraux)* et ordonnons aud. curé de nous apporter à nous ou à nos vicaires graux dans un mois ladite image, et en attendant luy défendons sous peine de suspanse de la remettre en place et de l'exposer à la vénération. — *(Procès-verbal de la visite de Mgr Massillon* à Sainte-Croix d'Augerolles, 16 avril 1723. T. 18, 25). » Voir aussi ci-après (IX), le procès-verbal de la visite de Mgr Bochard de Saron à Montferrand, en 1698. L'Evêque interdit absolument « *une statue représentant un saint qui n'a jamais existé.* »

5° *Toutes les confréries, conformément aux règles générales de l'Eglise, se rattachaient à un autel de l'église paroissiale ou à une chapelle et faisaient la fête de leur titulaire.* —

« Nous a dit le S^r curé y avoir une confrérie dans sa paroisse, établie dans une espèce de chapelle auprès de l'église, qui a de revenu fixe la somme de onze livres employées à payer des fondations, un septier et demi de bled et environ vingt pots de vin qui se distribuent aux confrères; ordonnons que les conffrères de ladite confrérie *choisiront un autel de l'église pour y célébrer leur feste,* qu'il sera dressé des statuts qui nous seront présentés pour être confirmés, qu'il se tiendra tous les mois des assemblées pour veiller à l'observation desd. statuts et en présence de deux directeurs qui seront le S^r curé et un chanoine député du chapitre; qu'il se tiendra tous les ans à jour marqué une assemblée générale des confrères en présence des deux directeurs ci-dessus mentionnés, que les revenus tant fixes que casuels ne pourront être employés qu'à des œuvres pies, et à la décoration des saints autels; et, en cas de contravention à notre présente ordonnance, avons cassé et annulé ladite confrérie, et en réunissons les revenus au bureau des charités. Voulons aussi que la même ordonnance ait lieu à l'égard de la confrairie du Saint Sacrement. »

(Procès-verbal de la visite de Mgr Massillon, à N.-D. de Vertaison, le 10 mai 1721. — T. XXII, 33.)

† J.-B., ÉVÊQ. DE CLERMONT — GARNAUD;

DURAND, baile; FORNÈRE, sec^{re}.

Conclusion. Toutes les fois donc que les Evêques constatent l'existence des *statues, autels, fêtes, confréries* ou *fréries* de saint Verny, c'est que lesdites choses leur apparaissent légitimes et justifiées, historiquement et canoniquement.

I.

Clermont. — Paroisse de Saint-Adjutor

Visite de Mgr Gilbert de Veny d'Arbouze, 17 may 1675 (T. V, 16,) p. 3. « ... Nous a esté dit y avoir les confrairies du Saint-Sacrement et de *saint Verny*, et que les confrères observent les statuts des confrairies du diocèse. »

Note. — Anciennement S. Adjutor était appelé dans le langage populaire : S. *Adjudoux* ou *Adiudoux;* tous les auteurs en font foi. C'est ce nom populaire que nous lisons dans le procès-verbal de Mgr d'Arbouze : « Nous estant transportés dans l'église de S. *Adiudoux.* » – L'église de S. Adjutor était située dans la rue qui porte aujourd'hui son nom.

Il.

Paroisse de Ceyrat

A. *Première visite de Mgr Bochart de Saron, le 11 avril 1698.* (T. IX, 91)

Art. 16. Nous a été dit y avoir quelques reynages de cire ou d'argent qu'on donne pour faire les offices, les fêtes de N.-D de septembre, de Saint-Martin, de Saint-Blaise, Saint-Jacques, Saint-Roch, Sainte-Catherine et *la fête de St-Verny*, et n'y avoir aucun abus.

B. *Deuxième visite de Mgr Bochart de Saron, 1er Septembre 1703* (T. XIV, 7)

Art. 4. Et à l'égard des images, statuts, nous ont paru être en assez bon état, à la réserve de celles de Sainte-Madeleine, Saint-Antoine et Saint-Jean, ordonnant qu'elles soient ôtées de leur place à cause de leur difformité, et qu'il en sera mis d'autres au frais de qui il appartiendra.

ART. 16. — Nous a dit le S^r curé y avoir quelques reinages, les jours de Sainte-Anne, de la Nativité de la Vierge, de Saint-Blaise, Saint-Jacques, Saint-Roch, Sainte-Catherine, *saint Vernyer*, et du saint nom de Jésus et n'y avoir aucun abus.

C. *Visite de Mgr Massillon, le 20 avril 1721* (T. XIX, 22)

ART. 4. — Les images, tableaux, en bon état.

ART. 9. Nous a été dit y avoir quelques reynages les jours de Sainte Anne, de la Nativité de la Sainte Vierge, Saint-Blaise, Saint-Jacques, Saint-Roch, Sainte-Catherine, *saint Vernier* et du saint nom de Jésus, et n'y avoir aucun abus.

III.

Paroisse de Plauzat

A. *Première visite de Mgr de Saron, le 27 août 1699.* (T. XII, 13.)

ART. 2. ... Et sur ce que nous avons remarqué que les statues des saints Blaise et *Verny* sont défectueuses, nous ordonnons que celle de *S. Verny* sera ostée et supprimée, et à l'égard de celle de S. Blaise sera réparée.

B. *Deuxième visite de Mgr de Saron, le 6 septembre 1703* (T. XVI, 83).

ART. 4. ... Avons trouvé le M^e autel portatif, celui du Saint-Esprit portatif, de Notre-Dame consacré, le marbre de N.-D. de Pitié trop petit, Sainte-Barbe consacré et *saint Verny*. L'image de S. Rhoc doit être peinte de nouveau...

IV.

Paroisse de Notre-Dame d'Authezat

A. *Visite* de Mgr Bochart de Saron, 26 avril 1698 (T. IX, 28).

ART. 1. — Avons visité le grand autel et les autres qui sont en lad. église au nombre de trois. Le maître autel et celluy de Notre-Dame paraissent avoir *(été)* consacrés. Il y a un portatif sur celluy qui est audevant du chœur du côté de l'Evangile, et quand à *celluy de S. Verny* l'avons interdit comme mal placé et trop petit et le prêtre qui y célèbre étant en danger de tomber.

† FRANÇOIS, Ev. de Clermont.

B. *Visite* de Mgr J.-B. Massillon, 30 mai 1726 (T. XVIII, 32.)

ART. 5. Avons visité les autels, chapelles, images, et tableaux de ladite église. Il y a quatre autels y compris le grand qui est consacré de même que celluy de N.-Dame, avons supprimé le portatif de celluy de saint Roch et défendons d'y célébrer jusques à ce qu'il y en aura un de grandeur convenable, et défendons pareillement de célébrer sur *celluy de saint Verny* jusqu'à ce qu'il sera déçamment orné.

ART. 9 — Nous nous sommes enquis s'il y a des indulgences, s'il y a des confréries. Nous a déclaré le S^r curé y avoir une indulgence pour le jour de l'Assomption de la Sainte-Vierge dont le bref a été par nous visé et y avoir aussi les fréries du Saint-Sacrement, de saint Joseph et de *saint Vernier*, sans revenu et sur ce que nous *(avons)* appris qu'il s'y commettait des abus qui ont été corrigés par un acte délibératoire des habitans de la paroisse, passé le premier jour du présent mois. Nous, après en avoir pris lecture et l'avoir mûrement examiné, l'avons authorisé et authorisons et ordonnons qu'il sera exécuté en tous ces chefs selon leur forme et teneur, et sur ce que nous avons reconnu que lesdites fréries faisaient des dépenses considérables pour l'achapt de certaines grandes torches à l'occasion desquelles il est arrivé plusieurs scandales dans l'église. Nous, de notre authorité épiscopale, les avons supprimées et supprimons et deffendons sous peine d'excommunication de les remettre dans l'église, enjoignons au S^r curé de publier à son prône pendant trois dimanches consécutifs notre présente ordonnance et de tenir la main à l'exécution d'icelle.

... Signé avec led. S^r curé, led. jour trentième may mil sept cent vingt-six.

† J.-B., Evêque de Clermont.
receu copie, MONTORIER, curé d'Autezat.

C. *Autre visite* de Mgr J.-B. Massillon, 15 mai 1732 (T. XXVI, 39.)

Art. 5. ... Nous avons visité les autels, chapelles, tableaux, images et statuts de la dite église. Il y a quatre autels sans y comprendre le maître autel, lequel est consacré en entier et celui de N.-Dame; sur les trois autres y a des portatifs. Le surplus dud. article est en état.

Art. 9. Il y a des fréries du Saint-Sacrement, de S. Joseph, de *S. Verny*, qui n'ont d'autres revenus que la libéralité des fidèles emploiés à l'entretien de l'église, et

comme il nous a été dit que les Bailes et Bailesses desd.
prières, n'avaient point rendu compte depuis longues
années , ordonnons que dans six mois, lesd. comptes seront
rendus en présence dud. curé et des anciens Bailes
et Bailesses; et continueront lesd. Bailes et Bailesses à
l'avenir de rendre compte à chaque mutation, et faute de
ce faire led. terme passé, y seront contraints par voie de
justice. Enjoignons aud. curé d'y tenir la main, et nous a
dit n'y avoir point d'abus dans lesd. fréries... Nous avons
clos notre présent procès-verbal en présence du curé qui
l'a signé avec nous, led. jour et an que dessus quinzième
mai mil sept cent trente-deux.

J.-B., Evêq. de Clermont.

MONTORIER, curé d'Autezat

V.

Paroisse de Saint-Pierre-de-Beaumont

Visite pastorale de Mgr Bochart de Saron, 11 avril 1698
(T. IX, 45).

ART. 1. ... Avons visité le grand autel et les autres,
qui sont en lad. église, au nombre de sept, savoir : Celuy
de l'abbaye, celui de la paroisse, celuy de Saint-Pierre, celuy
de Saint-Antoine ou *St-Verny*, celui de Sainte-Radegonde,
de N.-D. de Pitié, de Saint-Jean .. (Le prélat ordonne
que « l'autel de la paroisse *qui est mal placé*, sera trans-
féré à un autre autel. » Que « *l'autel de Saint-Jean sera
démoli* »; que « *l'autel de St-Verny, sera démoli comme
petit, obscur et mal placé* ».

Art. 16... Après nous être enquis du nombre des confréries qui sont en lad. église, des statuts qu'il y a aux dites confréries .. Nous a été dit y avoir les confréries du S. Sacrement, Sainte-Radegonde, N.-Dame d'Août, Notre-Dame de Septembre, Saint-Roch, Saint-Sébastien, *Saint-Verny*, Saint-Barthélemy et Saint-Marguerite... et ne se commettre aucun abus dans les dites confréries.

† FRANÇOIS, Evê. de Clermont.

VI

Paroisse du Crest

A. *Première visite* de Mgr J.-B Massillon, 3 juin 1726 (T. XIX, 48)

Art. 4... Il y a sept autels, le maître autel y compris, en bon état.

Art 9 Nous a été dit n'y avoir d'autre indulgence, que celle qui est accordée aux confréries du Saint-Sacrement et du Scapulaire, et y avoir trois autres confréries. Savoir: celle de Saint-Roch, *St-Verny* et du St-Esprit, qui seul a pour revenu fixe la quantité d'environ huit à neuf septiers de bled, qui se distribue en aumônes aux fêtes de la Pantecôte, les autres fréries n'ayant d'autre fonds que la libéralité des fidèles employée à l'entretien du luminaire et décoration des autels et n'y avoir point d'abus.

† J.-B., Evêq. de Clermont.

B. *Deuxième visite* de Mgr J.-B. Massillon, 18 mai 1732 (T. XXVIII, 11)

Art. 4. ... Il y a sept autels, tous en bon état ainsi que les statues et images.

Art. 9. Il n'y a d'autres indulgences que celle du Saint-Sacrement et du Scapulaire, qui est à perpétuité. Il y a trois confréries, savoir celle de Saint-Roch, *St-Verny*, et celle du Saint-Esprit, laquelle a pour revenu fixe huit à neuf sestiers bled, qui se distribuent en aumône aux festes de la Pentecoste. Les autres *deux fréries* n'ont d'autre revenus que la libéralité des fidèles employée à l'entretien du luminaire et décoration des autels, et il n'y a point d'abus.

† J.-B., Ev. de Clermont.

C. *Troisième visite* de Mgr Massillon, 13 mai 1741 (T. XXXVI, 42)

Art. 5. Avons trouvé sept autels en bon état, ainsi que les tableaux et images.

Art. 9. Nous ont dit les Srs du Chapitre et le curé y avait la frérie du Saint-Esprit: avec quelques raynages sans autres revenus que les apports des fidèles et n'y avoir d'abus à leur occasion.

Note. Dans cette dernière visite, l'évêque ne mentionne point les deux fréries au raynage de Saint-Roch et de *St-Verny*; il s'en rapporte aux procès-verbaux de ses deux visites précédentes. D'ailleurs n'ayant point d'abus à constater et à réprimer, il se borne à dire : « *quelques raynages* »

† J.-B , Ev. de Clermont

VII

Paroisse des Martres-de-Veyre

Visite de Mgr Massillon, le 19 mai 1732 (T. XXXI, 16),

ART. 9. ... Il y a les fréries du Saint-Esprit, de Saint-Jacques, de Saint-Sébastien et de *St-Vernier*. Renouvelons et confirmons notre ordonnance touchant les abus desd. fréries et enjoignons expressément aud. Sr Curé d'y tenir la main.

† J.-B., Ev. de Clermont.

VIII

Paroisse de Saint-Sandoux

A. *Visite* de Mgr Bochart de Saron, 24 août 1699 (T. XII, 37).

ART. 16. — Après nous être enquis du nombre des confréries qui sont dans ladite église, nous a été dit y avoir des confréries du Saint-Sacrement, du Saint-Esprit, de *saint Verny*, de saint Jacques et du Saint-Rosaire et n'y avoir aucun revenu.

B. *Première visite* de Mgr J.-B. Massillon, 1er juin 1726. (T. XXI, 62.)

ART. 5. — Il y a cinq autels qui ont chacun un portatif en bon état ainsi que les tableaux et images.

ART. 9. — Il y a une indulgence de sept ans pour le jour de la Visitation de la Sainte-Vierge dont le bref a été visé par nous, et quatre fréries, du Saint-Sacrement, du Saint-

Esprit, de saint Jacques, de *saint Verny*, et quelques reinages et sur ce que nous avons appris que les bailes et bailesses ne rendent point compte des bienfaits qui s'amassent, ordonnons qu'ils rendront incessamment leurs comptes par devant le S^r curé et ppaux *(principaux)* habitans sous peine de suppression desdites fréries et reinages, enjoignons au s^r curé de publier à son prône notre présente ordonnance et de tenir la main à l'exécution d'icelle.

Art. 21. - Nous ont déclaré lesdits sieurs curé et prestres que la veille de l'Ascension on sonne la grosse cloche toute la nuit et que le même jour on répand le pain beny au devant de l'église, que l'on va chanter des *libera me* les trois jours de la Pentecôte et les fêtes de saint Jacques et de *saint Vernir*, deffendons sous peine d'abolition desdites frairies de chanter ces *libera me*, deffendons pareillement de sonner lad. cloche pendant la nuit de l'Ascension comme étant une cérémonie abusive. Enjoignous au s^r curé de publier à son prône notre présente défence. Après quoi nous avons clos notre présent procès-verbal que nous avons signé avec ledit s^r curé et le s^r Dufour, baile de la communauté ledit jour premier juin mil sept cent vingt-six

† J.-B., Evêque de Clermont.

Receu copie, DUPONT, curé de Saint-Sandoux — DUFOUR, syndic, de la communauté de Saint-Sandoux, — THOURON, sec^re.

C. *Deuxième visite* de Mgr Massillon, 16 mai 1732. (T. XXXIII, 33.)

Art. 5. — Avons visité les autels, chapelles, images et tableaux de ladite église. Il y a cinq autels, le maître-autel compris, qui ont chacun un portatif, le surplus dud. article en état.

Art. 9. — Il y a quatre fréries : du Saint-Sacrement, saint Jacques, *saint Vernys* et du Saint-Esprit et quelques reinages, et sur ce que nous avons appris que les bailes et bailesses ne rendent point compte des bienfaits qu'ils ramassent, ordonnons que tous ceux et celles qui ont été en charge rendront compte dans six mois. Et ceux et celles qui le sont à présent ou le seront à l'avenir les rendront à chaque mutation, en présence dud. curé, syndic de la communauté et principaux habitants sous peine de suppression desd. frairies et reynages. Ordonnons aud. curé de publier à son prône notre présente ordonnance et d'y tenir la main.

Art. 21. — Nous ont dit led. curé, prêtres et habitants n'y avoir point d'abus...

† J.-B., Evêque de Clermont.

DUPONT, curé; — TORRENT, syndic, — DUFFOUR, — DAVIGNON, — MORIN, sec^re.

Note. La sévérité du prélat avait porté ses fruits; il constate que les abus, mentionnés dans sa précédente visite, ont complètement disparu. Dans une troisième visite nous allons le voir constater que les *Bailes* rendent fidèlement leurs comptes.

D. *Troisième visite* de Mgr Massillon, 12 mai 1740. (T. XXXV, 7.

Art. 5. — Avons visité les autels, etc... Il y a cinq autels, le grand autel compris, sur chacun desquels il y a un portatif qui sont en bon état ainsi que le surplus du pnt *(présent)* article.

ART. 9. — ... Il y a quelques frérics et rénages qui n'ont d'autres revenus que la libéralité des fidèles, employés au luminaire et décoration de l'église, dont les bailes et bailesses rendent comptent, et il n'y a point d'abus à leur occasion.

† J.-B., Evêque de Clermont.

ROMAT, curé de Saint-Sandoux; GUILHEN, sec^{re}.

Note. — Nous remarquons d'abord que cette dernière signature de Massillon, est d'une écriture grêle et tremblante; on reconnaît le vieillard. A cette date, en effet, le grand évêque avait 77 ans; il ne lui restait plus que quelques mois à vivre. — Nous constaterons une fois de plus que l'évêque ne spécifie les confréries et les reinages que dans ses premières visites. Dans les dernières, il s'en remet aux procès-verbaux des visites précédentes, principalement quand il n'a plus d'abus à réprimer.

IX.

Paroisse de Notre-Dame de Montferrand

Visite de Mgr Bochart de Saron, 10 avril 1698. (T. XVI, 17.)

ART. 5. — Avons visité le grand autel et les autres qui sont en ladite église au nombre de dix-sept, y compris ledit m^e autel et l'autel de paroisse où le S.-Sacrement repose, que nous avons visité et trouvé dans la décence requise, tous consacrez selon la tradition, à la réserve des autels *de saint Verny* et des trois Maries sur lesquels on dit la messe avec des portatifs, tous lesquels autels nous avons trouvés décemment ornés, excepté les images de saint Crépin et saint Crépinian, autre image qui est à l'autel de saint Roch qui ne représente aucun saint, autres deux images à l'autel de saint Luc, une image de saint Etienne dans l'*autel de saint Verny*, autre image de l'autel de saint Jacques, tous lesquels images nous avons osté de la vue du peuple et ordonné qu'ils seront enterrez dans le cimetière excepté ceux de saint Crépin et de saint Jacques qui seront réparés dans deux mois, aux frais de qui il appartiendra... »

† FRANÇOIS, évêque de Clermont.

Note. — Dans les procès-verbaux des visites subséquentes le nombre seul des autels est toujours indiqué. Mais il n'est fait mention particulière d'un autel que lorsque l'évêque a des observations à faire à son sujet.

X

Paroisse de Gerzat

A. *Visite* de Mgr Bochart de Saron, 2 septembre 1702, (T. XV, 74)

Art. 4. ... Il y a sept autels, trois desquels sont consacrés, les autres portatifs qui sont le maître autel, *St-Verny*, Sainte-Catherine et Saint-Martin.

B. *Visite* de Mgr J.-B. Massillon, 20 avril 1730, (T. XXIX, 69)

Art. 5. ... Avons trouvé sept autels, y compris le maître autel, sur lequel il y a un portatif et sur celui de Sainte-Catherine, *St-Verny*, Sainte-Anne... le surplus en bon état.

† J.-B., Evêq. de Clermont.

C. *Visite* de Mgr de Bonal, 11 septembre 1785 (T. XLVI, 9)

Art. 5. Avons visité les autels, chapelles, images, et tableaux de la dite église... Outre le maître autel, il y a plusieurs autres autels; *celui de St-Verny*, sur lequel on dit la messe et l'on acquitte quelques fondations, etc., etc.

† Fr., Ev. de Clermont; — GINESTE, curé; —

par *Mgr*, GAULTIER, sc^re.

XI

Paroisse de Mozat

Note. Il y avait deux églises paroissiales à Mozat : S. Martin et S. Pierre; outre l'église abbatiale, aujourd'hui seule paroissiale. Dans les deux églises paroissiales il est fait mention de *St. Verny*.

A. *Saint-Martin-de-Mozat*. — Visite de Mgr de Bonal, 15 septembre 1785 (T. XLVI, 19).

Note. Il paraît d'après ce procès-verbal que l'église Saint-Martin était très pauvre et très mal tenue; on en jugera par l'extrait ci-dessous. Dans cette église, il n'y avait pas d'autel de St-Verny, mais seulement la statue du Saint, placée sur un des côtés de l'autel de la Très-Sainte Trinité.

« Art. 5 ... Avons observé que le crucifix qui est à la chapelle de la Très-Sainte-Trinité est brisé, que la statue servant de retable est grossière et difforme, et *celle de St-Verny est vermoulue*... Il sera fourni des pierres consacrées au maître autel et à celui de Notre-Dame de Pitié.

Interdisons les autres autels ainsi que les statues grossières et difformes qui leur servent d'ornement, entr'autres celle représentant la Très-Sainte Trinité et *celle de Saint-Verni...* »

† Fr., Ev. de Clermont.

B. *Saint Paul de Mozat.* — Visite de Mgr de Bonal, 16 septembre 1785 (T. XLVI, 20)

Note. Dans le procès-verbal de la visite, Mgr de Bonal, mentionne seulement « *la confrérie du S. Sacrement et plusieurs autres* » sans en spécifier aucune. Mais à ce procès-verbal est joint le *Mémoire* présenté à l'évêque par le curé sur l'état de la paroisse. Ces *mémoires* sont très rares dans la collection des procès-verbaux; et, d'ordinaire ils sont très courts. Celui-ci, par exception, est assez détaillé, et fort intéressant sur bien des points: principalement sur celui qui nous occupe. Les détails que nous y trouvons confirment ce que nous avons avancé dans les *Observations préliminaires,* à l'*art.* 5.

Mémoire présenté à Mgr de Bonal, par M. Bergounioux, curé de Saint-Paul-de-Mozac.

Art. 5. Il y a plusieurs confrairies, trois en l'honneur de la Très-Sainte-Vierge, une en l'honneur de Sainte-Agathe, *une en l'honneur de St-Verni,* une en l'honneur de Saint-Roc, une en l'honneur du Très-Saint Sacrement, et une autre appelée la confrairie du Saint-Esprit... Ces deux dernières sont les seules sur lesquelles je m'étendrai; les autres ne consistant que dans quelques livres de cire que donne le roi ou la reine, les confrères ou les consœurs, laquelle cire se consume devant l'image du saint ou de la sainte. On chante une messe le jour qu'arrive la fête; le

imanche qui la   suit de plus près, on fait une procession
en l'honneur du saint ou de la sainte... »

Signé, BERGOUNIOUX, curé de Saint-Paul-de-Mozac.

Note. Ainsi se trouve confirmé ce que nous avons
avancé, c.-a.-d. que là où il y avait une *confrérie de
St. Verny*, on faisait la *fête* du Saint, on chantait la *messe*
en son honneur, etc.,

XII

Saint-Amand-Tallende

*Règlement de la confrérie de Saint-Verny, existant à
Saint-Amand, renouvelée en 1718, après une suspension de
quelques années. Copié sur l'original conservé aux archives
municipales de Saint-Amand.*

« Ont estés prézents en leurs personnes Michel **Martin**
et Jean Cournol, fils à Pierre, laboureurs existants en cette
ville de Saint-Amans, bailes l'année présente de la frérie
de *saint Vernaire* qui se célèbre en cette ville pour eulx,
d'une part :

« Et Martial Geneix-Gaisle, Anthoine Domine, Anthoine Juzest, Anthoine Martinez, etc., tous laboureurs
habitans en ceste dicte ville de Saint-Amans.

« Lesquels de leur bon grés volonté recognaissent tous
maintenant que tous les biens dépendent de la volonté de
Dieu, de sa main libéralle par l'intercession de la glorieuse
vierge, de tous les saints, saintes de paradis, et comme
leurs devantiers avaient grand dévotion et zèle pour le
bienheureux *saint Vernaire, qu'ils ont de tout temps pris*

pour leur patron protecteur dont ils célébrent la feste pour se conformer par les dits desnommés, à la bonne intention de leurs devantiers ou augmenter par leur zèle dévotions et prières, la bonne intention qu'ils ont pendant leur vie d'entretenir entre eux la paix et union fraternelle, prier Dieu et faire prier Dieu pour leurs devantiers décédés, observer ce que depuis ancunes années a esté négligé par la grand pauvretté (1).

« Afin d'exécuter ponctuellement et augmenter le contenu en l'antienne agrégation et contract de la dicte frérie, le tout soubs l'agrément de messieurs les viquaires générauxdu diocèze de Clermont (2), après en avoir conféré entre eux, en la présence de monsieur le curé de ceste ville en renouvellant les clauzes insérées dans leur dict antien contract, ils ont tous unanimement convenus et demeurés d'accord des charges et conventions que s'ensuivent :

Seavoir est qu'il sera permis à chacun de se faire recevoir dors énavant dans la frérie de *saint Vernaire*, et payeront le jour de leur reception, quinze sols chacun, comme ils fesaient antiennement, aux bailes qui seront lors en charge d'année en année, la veilhe de la feste de Saint Vernaire. Ils prieront messieurs les curés et prestres de ceste ville dire vespres ce jour, et le jour de la feste de faire la procession à la croix de saint Vernaire au Montounet, de célébrer la grand messe, dire vespres, auxquels

(1) L'année 1708 avait été pour toute l'Auvergne, une année de disette extraordinaire. En l'année suivante, 1709, l'hiver fut si rigoureux que les vignes et les noyers gelèrent. Les conséquences de ces années désastreuses se firent sentir pendant plusieurs autres années.

(2) Après la mort de Mgr Bochart de Saron (1715), le siège épiscopal de Clermont, fut vacant pendant deux ans et demi.

ils payeront trois livres pour chacune année. Le lendemain de la feste sera dict une messe à voix-basse *de mortuis* pour les âmes des confrères décédez, par tel de messieurs les prestres qui sera désigné par le dict sieur curé. Tous confrères seront tenus d'adcister la veilhe et le jour de la feste aux divins offices, et le dict jour de lendemain de la feste à la messe *de mortuis* et se comporter avec tout le zèle et dévotion qui leur sera possible et d'obéir aux bailes, ou aucun ne le fera sera repris et blasmé par le baile, s'il ne se corrige sera chassé de la frérie sans autre formalité.

« Seront tenus tous confrères d'adcister aux enterremens de ceux qui décèderont à peine de payer cinq sols pour chacun défailhians le jour ou le lendemain de l'enterrement, à moins d'excuse valable qu'ils seront tenus de les dire aux bailes le jour avant l'enterrement. L'un des bailes et le secretaire se tiendra au coffre de la luminaire le jour des enterremens pour tenir estat des déffailhians. Les nouveaux entrans seront tenus d'aporter les décédés de la frérie aussi à peine de payer cinq sols.

« Lorsqu'aucun des confrères sera malade, ils seront tenus l'aller viziter, lui adsister en cas de nécessité suivant chacun sa faculté Ou de mesme les confrères auront des différends, ils seront décidés à l'amiable par le dict sieur curé et quatre antiens de la compagnie. Seront nommés tous les ans quatre personnes, dont y en aura deux qui resteront bailes, à la pluralité des voix, toute faveur cessant.

« Le reynage sera publié à la porte de l'église et estroussé (*adjugé*) par monsieur le curé en présence des bayles. Seront les comptes rendus chacune année de baile en baile un ou deux jours après la feste en présence du dict sieur curé. Sera délivré expédition du présent contract, l'autre mis dans une armoire dans ceste église, et l'autre aux bailes. Et ou par les dicts comptes, il se trouverait du revenant bon, les divins offices préalablement payés, le surplus sera employé en ornements pour l'image de saint Vernaire. »

Note. L'auteur doit la connaissance de cet intéressant document à l'obligeance de M. Randanne, supérieur des missionnaires diocésains de Clermont.

XIII.

Ville d'Issoire

Le *voyage historique* de D. Jacques Boyer, un des collaborateurs du grand ouvrage *Gallia Christiana*, nous apprend qu'il y avait à Issoire dans le siècle dernier un autel de saint Vernier. Nous lisons en effet dans cet ouvrage, à la date du 30 août 1711 :

« *Je dis la messe à l'honneur et à l'autel de saint Vernis* (sic), *patron des vignerons... »*

(Voyage historique fait de 1710 à 1714, en Auvergne, Velay, Limousin, etc., par D. Jacques Boyer, bénédictin de la Chaise-Dieu, chargé de recueillir dans les abbayes, et monastères les documents pour la Gallia Christiana. — *Manuscrit de la bibliothèque* de M. Boyer, de Volvic, à Clermont. — Ce Mss. a été imprimé à Clermont il y a quelques années.

XIV.

Extrait des registres de la Confrérie du glorieux S. Verny établie à Brioude en 1672

Extrait des registres de la confrérie du glorieux S. Verny établie à Brioude en 1672.

A Nosseigneurs,

Nosseigneurs les prévost, doyen, chanoines-comtes et chapre de l'esglise royale Saint-Julien de Brioude, Seigneurs spirituels et temporels de lad. ville.

Supplient humblement Jean Genebrier vieux, Jean Fressenet, Pierre Tazalhat, Pierre Genebrier fils aud. Jean, Antoine Barreyre et Jean Genebrier jeune, vignerons et habitans de lad. ville de Brioude, disans que comme ainsy soit que de toutes les conditions et proffessions des habitans de lad. ville, il y aye des confréries érigées par nostre authorité soubs l'invocation de quelque saint particulier pour y avoir recours en leur dévotion, à la réserve des seuls vignerons qui pourtant composent une bonne partie des habitans de lad. ville.

A ces causes, nosd. Seigneurs, requièrent lesd. suplians qu'il nous plaise de leur permettre l'érection d'une confrérie à l'honneur de Saint Vernin, *patron spécial d'iceux de ceste proffession,* duquel lesd. suplians ont fait faire à leurs frais une dévote image, laquelle avec notre permission sera placée dans l'église parroissiale de Saint-Jean, et à la chapelle de Saint-Georges de lad. église, comme estant led. autel libre et non occupé d'aucune autre Confrérie, soubs l'offre qu'ils font de recevoir les statuts qui leur seront par nous donnés et de les observer l'orsqu'il y aura nombre compétent de Confrères en lad. Confrérie, et ce faisant lesd. suplians prieront Dieu et leur saint patron, pour notre prospérité et grandeur. Et au-dessoubs est signé **BARREYRE**, curé pour lesd. suppliants.

« Extrait des registres des actes cap^res du chap^re Saint-Julien de Brioude, du vendredy 23e septembre 1672.

« Quatriesme poinct est que les laboureurs de ceste ville nous présentent requeste pour leur permettre d'ériger une confrérie soubs le nom de saint Vernin en l'esglise de Saint-Jean de ceste ville. Sur quoy a esté conclud qu'on les renvoie par devant nos juges spirituels. Et au-dessoubs est signé J. de Colonges. Faict ce dernier septembre 1672. Et au-dessoubs est escript par expédion par commande ment de Messrs et signé M. d'Ayroles, secrétaire.

« Nous Pierre Lac, docteur en théologie et Jean de la Chassaigne, docteur en droit canon, ptres, chanoines-comtes et juges spirituels de l'esglise royalle et chap^re Saint-Julien de Brioude immédiatement subjecte au Saint-Siège apostolique, en exécutant la commission à nous adressée par les prévost, doyen, chanoines-comtes et chap^re de lad. esglise, en date du 23e septembre 16 c. soixante-douze, avons érigé et érigeons la confrérie esnoncée dans led. acte soubs l'invocation de saint Vernin, en l'église parroissiale Saint-Jean dud. Brioude, et en l'autel de Saint-Georges soubs la direction du curé ou vicaire perpétuel de lad. Esglise, à la

diligence dud. sieur curé, auquel permetons de bénir l'image
dud. Saint et l'exposer sur l'autel de lad. chapelle, sauf
toutefois le droit d'autruy; permetons aux confrères qui
sont désia inscripts en lad. confrérie d'en recevoir d'autres
de l'un et de l'autre sexe avec l'advis et aprobaon dud. curé
en contribuant par iceux en leur réception quelque chose
pour la décoraon des autels et autres frais nécessaires pour
l'advancement de lad. confrérie. Faict et donné à Brioude
ce sixième octobre 16 c. soixante-douze. Et au-dessoubs
sont signés.

> LAC, juge spirituel; DE LA CHASSAIGNE, official
> et V. G.; et LAC, curé de Saint-Laurans pris
> pour scribe.

« Les susd. extraits ont été fidèlement rapportés dans le
pnt regre par moy curé de la susd. église Saint-Jean de
ceste ville soubsnié ce quinzième may 16 c. soixante-seize.

> BARREYRE, curé susd.

« ROLLE de la confrérie de saint Vernin, où sont insérés
les noms et surnoms des confrères. Lad. confrérie a esté
établie dans l'esglise de Saint-Jean de ceste ville de Brioude,
l'année 1673.

« L'image du glorieux martyr saint Vernin a esté donnée
par Pierre, Jean, et autre Pierre Genebrier, pour leur droit
d'entrée dans lad. confrérie. »

Note. Suivent dans le registre les noms des confrères ; la nomination des bailes et leurs rendements de comptes, année par année, jusqu'en 1792, inclusivement. Les bailes sont nommés de nouveau en 1799 ; et ainsi de suite, chaque année, jusqu'en 1830. Après une interruption de trois ans, les actes recommencent et sont continués très régulièrement jusqu'en 1855. Dans ces actes, le Saint est toujours appelé *S. Verny,* sauf aux années 1778 et 79 où il est appelé : *S. Vergne.* Pendant treize ans consécutifs (de 1780 à 1792), il est appelè : *S. Vernier.* Le nom de *S. Vernin,* que nous avons vu dans les actes de l'institution de la confrérie, revient aux redditions de compte de 1812 et de 1834.

En 1708, la confrérie obtint du Pape Clément XI, un bref d'indulgences et la faveur de l'autel privilégié pour les confrères défunts, etc. Dans ce bref, saint Verny n'est pas nommé. Il y est parlé seulement de la « *confrérie* ou *association des vignerons qui se réunit à l'autel placé sous l'invocation de Saint-Isidore dans l'église de Saint-Jean.* » – De cette omission du nom de Saint Verny, quelques-uns ont voulu conclure que Rome ne reconnaissait pas le culte du Saint. Cette conclusion n'est pas juste. Tous ceux qui ont quelque expérience des habitudes et du style de la chancel-lerie Romaine savent que Rome répond toujours selon les termes de la demande. Si dans la supplique adressée au Saint-Siége pour obtenir les indulgences en question, il ne fut fait mention que de la *société des vignerons qui se réunissait à l'autel de Saint-Georges ;* Il est tout naturel que la concession ne mentionne pas autre chose. Le nom même de S. Georges fut, paraît-il, mal écrit dans la supplique ; puisque à Rome on lut : *Isidore* pour *Georges.* A moins, toutefois, de supposer qu'à l'époque de la demande l'autel de S. Georges avait changé de titre ; mais rien n'autorise cette supposition.

L'omission du nom de saint Verny dans ledit bref, ne prouve donc absolument rien. Dans les concessions d'Alexandre VII, en 1665, et d'Innocent XI, en 1684 en faveur de la *confrérie de saint Vernier* à Besançon, il est fait mention expresse du culte de *saint Vernier*, de sa chapelle, de son autel, de sa fête; il en eût été de même dans la concession en faveur de la confrérie de Brioude, si la demande de cette dernière confrérie eût été plus explicite (1).

Extraits du livre des recettes et dépenses de la confrérie de S. Verny à Brioude.

« ANNÉE 1843. RECETTES

Recette du 21 mai matin..........	fr.	145 47
Recette du soir du même jour......	fr.	34 95
Recette du 28 mai, matin.........	fr.	49 »
Recette du soir du même jour......	fr.	20 90
Total.........	fr.	250 32 (2)

« ANNÉE 1843. DÉPENSES

1° Payé au sieur Lamothe Ribeyre, boulanger pour la fourniture des pains bénits, la somme de cinquante-quatre fr. 25 cent. le 28 mai 1843......... .... cy. fr. 54 25

(1) L'original sur parchemin du bref de Clément XI est en ce moment entre les mains de M. Chaix de la Varene, curé archiprêtre de la Cathédrale de Clermont.

(2) On voit que la confrérie célébrait la fête de saint Verny avec octave; et qu'il y avait office le matin et le soir.

2° Payé pour les tambours et les fifres, la somme de neuf fr. le 31 mai 1843..... cy. fr. 9 »

3° Payé au sieur J.-B. Duchamp, sonneur de la confrérie, pour ses honoraires, la somme de dix fr. 80 cent. le 4 juin 1843. ..... cy. fr. 10 80

4° Payé au sieur Vally sacristain, pour la fête et l'office général des défunts de la confrérie de S. Verny, la somme de quarante-huit francs 65 cent. le 11 juin 1843... cy. fr. 48 65

5° Payé à M. Laporte, cirier, pour fourni-tures de cire, la somme de vingt fr. 80 cent. le 11 juin 1843...... .... cy. fr. 20 80

6° Payé à la montagnarde la somme d'un franc, pour la fosse de Pierre Berthon, d'après l'avis unanime des bailes, le 30 juillet 1843. cy. fr. 1 »

7° Payé au sieur Vally, sacristain pour dix-neuf offices spéciaux suivant son mémoire approuvé par les bailes, la somme de cent-deux francs 60 cent. le 28 février 1844. cy. fr. 102 60

Total .... fr. 247 1C

Année 1855 Recettes.

Recette du 20 mai................... fr. 96 25
Recette du 27 mai .... fr. 18 17
Rétribution de plusieurs confrères..... fr. 3 »

Total .... fr. 117 42
Reliquat des années précédentes....... fr. 81 09

Total .... fr. 198 51

Année 1855. Dépenses

1° Payé au s^r Lamothe Ribeyre, boulanger la somme de fr. trente-un 20 cent. pour fournitures

de pain bénit, à raison de 48 centimes la livre,
le 27 mai 1855.............................. cy.   31 20

2° Payé au sonneur pour les annonces la
somme de six fr. 40 cent. le 27 mai 1855.. cy.   6 40

3° Payé au sieur Igonel, tambour, la somme
de six fr. pour les deux tambours qui ont assisté
à la fête................................. cy.   6 »

4° Payé au sonneur pous ses honoraires, la
somme de huit francs, en 1855............. cy.   8 »

5° Payé au sieur Laporte, cirier, la somme de
neuf francs, le 8 juillet 1845............ .... cy   9 »

6° Payé à M. Cornillon, vicaire, pour la fête
et offices spéciaux, quarante-cinq francs soixante-
dix centimes, le 5 août 1856........ . ... cy.   45 70

7° Payé à M. Cornillon, vicaire la somme de
soixante-dix-neuf fr. 25 cent. pour offices spéciaux
le 7 septembre 1856.. ....   79 25

8° Payé au fosseur, douze fr... .... cy.   12 »

9° Payé trois hommes pour apporter un
confrère.................................. cy.   3 »
                                              ———————
            Total........... ...   200 55

XV

Note complémentaire des chapitres IV et V.

Le Juif, le Judaïsme et la Judaïsation des peuples chrétiens
par le chan. Gougenot du Mousseaux—10 in-8, de XLIV,
346 pages. — Paris, Watelier, R. du Cherche-Midi.

Pour le sujet qui nous occupe, voir dans cet ouvrage :

1° Le Chap. VI tout entier, intitulé : *L'assassinat Thal-
mudique*; pag. 183 à 218. — L'auteur y prouve par des
témoignages irrécusables, malgré les dénégations des juifs,

a vérité des meurtres de chrétiens attribués aux juifs, de siècle en siècle. Il consacre d'après Rohrbacher, quelques lignes à notre S. Vernier (p. 190). Il raconte en détail le martyre du petit S. Simon de Trente, en 1475 (p. 192 à 196); puis celui du P. Thomas, capucin de Damas, en 1840 (p. 199 à 216). En ce qui concerne ce dernier meurtre, il rapporte les démarches faites par les juifs d'Europe pour corrompre le Consul de France à Damas et le pacha de Syrie, et enfin l'espèce d'absolution obtenue par eux du vice-roi d'Egypte, en faveur des coupables. Cette sentence de Méhémet-Ali est ainsi formulée: « Par l'exposé et la demande de MM. Mosès Montefiore et Crémieux, qui se sont rendus auprès de nous *comme délégués de tous les Européens qui professent la religion de Moïse,* nous avons reconnu qu'ils désirent la mise en liberté et la sûreté pour ceux des juifs qui sont détenus et pour ceux qui ont pris la fuite au sujet de l'examen de l'affaire du Père Thomas, moine disparu de Damas, lui et son domestique Ibrahim. *Et comme à cause d'une si nombreuse population, il ne serait pas convenable de refuser leur requête,* nous ordonnons de mettre en liberté les prisonniers juifs, et de donner aux fugitifs la liberté pour leur retour…, etc. » — On remarquera que, dans cet acte, les mots de grâce, de culpabilité ou d'innocence ont été soigneusement évités. La haute et suprême volonté du vice-roi musulman annule purement et simplement la condamnation légale des criminels juridiquement convaincus.

A l'appui de ses assertions, l'auteur cite plusieurs ouvrages contemporains, entr'autres: La *Relation historique des affaires de Syrie, depuis 1840 jusqu'en 1842, et procédure complète dirigée en 1840 contre les juifs de Damas…* par M. Achille Laurent, membre de la société orientale. 2 vol. Paris, Gaume frères, 1846.

Toutes les pièces concernant le procès des meurtriers du P. Thomas, furent envoyées à Paris, et déposées au ministère des affaires étrangères. Elles y sont encore, si toutefois quelqu'une de ces révolutions où les juifs ont toujours une large part, ne les a point fait disparaître.

M. de Ratti-Menton, consul de France à Damas, et, à ce titre, protecteur né des chrétiens, ayant fait découvrir et poursuivre les meurtriers, fut accusé par les juifs d'Europe, d'avoir outrepassé ses droits et de s'être fait le persécuteur d'Israël. Des députés français portèrent leurs récriminations à la tribune de la Chambre, et M. Thiers, alors chef du ministère, dut prendre hautement et officiellement la défense du fonctionnaire incriminé (séance du 2 juin 1840). Les juifs ne manquèrent pas d'accuser M. Thiers de se faire le complice des *jésuites* persécuteurs !...

2° *Dans le Chap. VII, la deuxième division intitulée :* DU SANG ET POURQUOI.

L'auteur y démontre catégoriquement que le sang chrétien est recherché des juifs, surtout au temps de leur Pâque, pour la confection des pains azymes, que l'on distribue à quelques initiés et aux plus zélés d'Israël. Il cite en preuves divers témoignages anciens et modernes. — « La fin tragique du P. Thomas, n'a pas causé d'étonnement en Egypte. Les habitants sont persuadés, et tous ont cette conviction, que les juifs égorgent parfois des esclaves chrétiens dont ils prennent le sang pour le mêler au pain azyme. » — (*Hamont l'Egypte sous Méhémet-Ali. Paris 1843. - p. 367.*)

TABLE GÉNÉRALE

Vie de Saint Vernier

FIN DE LA TABLE.

CLERMONT-FERRAND

IMPRIMERIE CENTRALE — MALLEVAL.